A COERÊNCIA TEXTUAL

A COERÊNCIA TEXTUAL

INGEDORE G. VILLAÇA KOCH
LUIZ CARLOS TRAVAGLIA

Copyright© 1990 Ingedore Villaça Koch
Todos os direitos desta edição reservados à
Editora Contexto (Editora Pinsky Ltda.)

Composição
FA Fábrica de Comunicação
Revisão
Simone D'Alevedo
Capa
Antonio Kehl

Dados Internacionais de Catalogação na Publicação (CIP)
(Câmara Brasileira do Livro, SP, Brasil)

Koch, Ingedore Grunfeld Villaça
A coerência textual / Ingedore G. Villaça Koch,
Luiz Carlos Travaglia. – 18. ed., 8ª reimpressão. –
São Paulo : Contexto, 2023.
Bibliografia
ISBN 978-85-85134-60-0
1. Análise do discurso 2. Análise linguística 3. Crítica de texto
4. Linguística aplicada 5. Semiótica I. Travaglia, Luiz Carlos
II. Título III. Série

CDD-410
-415
89-2005   -801.959

Índices para catálogo sistemático:
1. Análise do discurso : Linguística   410
2. Crítica de texto : Literatura   801.959
3. Linguística textual   415
4. Semiótica : Linguística   410
5. Texto : Linguística   415

2023

EDITORA CONTEXTO
Diretor editorial: *Jaime Pinsky*

Rua Dr. José Elias, 520 – Alto da Lapa
05083-030 – São Paulo – SP
PABX: (11) 3832 5838
contato@editoracontexto.com.br
www.editoracontexto.com.br

Proibida a reprodução total ou parcial.
Os infratores serão processados na forma da lei.

SUMÁRIO

Nota Introdutória	7
1. Travando Conhecimento com a Coerência	9
2. Conceito de Coerência	21
3. Coerência, Texto e Linguística do Texto	53
4. Fatores de Coerência	71
5. Coerência e Ensino	101
Bibliografia Comentada	111
Os Autores	117

NOTA INTRODUTÓRIA

O objetivo deste livro é possibilitar aos interessados em geral, mas sobretudo aos estudantes dos cursos de Letras, em suas diversas áreas, e aos professores de 1º e 2º graus, uma visão necessária e básica sobre o que se tem chamado, nos estudos linguísticas, de *coerência textual.* A visão que buscamos passar aqui é, o mais possível, calcada nos exemplos, com uma teorização mínima e essencial, por isso mesmo sem a presença de controvérsias, mesmo as de ordem terminológica, buscando apresentar a linha de ideias que julgamos não só predominante entre os estudiosos no momento, mas também a mais pertinente e válida do nosso ponto de vista. Isto tudo nos leva, com frequência, à apresentação simplificada de aspectos em realidade bastante complexos do fenômeno da coerência. Mas cremos que este fato é perfeitamente compreensível e admissível em um obra que pretende apenas introduzir os leitores ao estudo da *coerência textual* pela *Linguística do Texto* ou *Teoria do Texto.* Os interessados em aprofundar-se neste campo contam com o recurso à bibliografia comentada do final deste volume.

Tendo em vista os leitores preferenciais deste livro, julgamos necessário lembrar alguns aspectos importantes no que se refere ao aproveitamento dos conhecimentos sobre coerência textual no ensino de língua materna, principalmente quando se procura desenvolver a capacidade de produção de textos, mas também a de compreensão dos mesmos. Isto é feito ao longo dos capítulos em diversos pontos e especialmente no capítulo 5.

Finalizando, gostaríamos de deixar claro o sentido com que estaremos empregando o termo texto.

Texto será entendido como uma unidade linguística concreta (perceptível pela visão ou audição), que é tomada pelos usuários da língua (falante, escritor/ouvinte, leitor), em uma situação de interação comunicativa, como uma unidade de sentido e como preenchendo uma função comunicativa reconhecível e reconhecida, independentemente da sua extensão.

1. TRAVANDO CONHECIMENTO COM A COERÊNCIA

Certamente, em comentários sobre textos, você já ouviu ou disse coisas como: "Este texto é incoerente", "Falta coerência nas ideias". Quase sempre, tais comentários se ligavam a questões de raciocínio lógico, a contradições entre uma passagem e outra do texto ou entre o texto e o conhecimento estabelecido das coisas. É provável que passagens como (1) a (3) a seguir fossem apontadas como fontes de incoerência.

(1) Maria tinha lavado a roupa quando chegamos, mas ainda estava lavando a roupa.
(2) João não foi à aula, entretanto estava doente.
(3) A galinha estava grávida.

Em (1), a incoerência é gerada pelo fato de o produtor da sequência apresentar o mesmo processo verbal em duas fases distintas de sua realização: como acabado e não acabado ao mesmo tempo, o que não é aceitável. Em (2), a conexão entre as duas orações da sequência: "João não foi à aula" e "estava doente" estabelece uma relação de oposição que contraria a relação de causa que parece ser mais plausível ou esperada entre as ideias expressas pelas duas partes da sequência. Em (3), a passagem seria responsável por incoerência por contrariar o conhecimento geral, embora isto só represente incoerência se o mundo representado pelo texto for o mundo "real" e não, por exemplo, um mundo fantástico, mágico, de fantasia. Isto evidencia que o juízo de incoerência não depende apenas do modo como se combinam elementos linguísticos no texto, mas também de conhecimentos prévios sobre o mundo e do tipo de mundo em que o texto se insere, bem como do tipo de texto. Você tacharia de incoerente, sem sentido, o texto "O Show" transcrito em (4), que teria sido produzido por um aluno de 1º grau, calcado no modelo do poema "A Pesca" de Affonso Romano de Sant'Anna?

(4) **O Show**

O cartaz
O desejo

O pai
O dinheiro
O ingresso

O dia
A preparação
A ida

O estádio
A multidão
A expectativa

A música
A vibração
A participação

O fim
A volta
O vazio

Achamos que não. Apesar de o texto ser apenas uma lista de palavras sem qualquer ligação sintática e sem a explicitação de qualquer relação entre elas, quem lê tende a perceber nesta sequência linguística uma unidade de sentido que permite estabelecer uma relação entre seus componentes, fazendo que seja vista como um texto e não como um amontoado aleatório de palavras: vê-se esta sequência como a narração da ida de uma pessoa a um show. Como isto acontece? Inicialmente, a sequência é apresentada como um texto; quem a produziu tem a intenção de que ela seja um texto e pretende realizar com ela uma intenção comunicativa. Quem a recebe age cooperativamente e aceita a sequência como um texto, procurando determinar-lhe o sentido. Para isto, o receptor ativa o conhecimento de mundo arquivado em sua memória, trazendo à tona conhecimentos pertinentes à construção do que podemos chamar de mundo textual. O leitor ou ouvinte do texto tem arquivado em sua memória uma espécie de modelo do que seja um show: uma apresentação artística (normalmente de cantores, músicos, bailarinos), que é precedida de uma divulgação (por cartazes e/ou anúncios na imprensa: jornais, rádio, televisão, etc.) e realizada em teatros, ginásios esportivos, estádios, praças, etc. As pessoas geralmente pagam para assistir a um show e nas apresentações musicais costumam participar com palmas, cantando junto, dançando, etc., o que revela sua aprovação ao espetáculo, demonstrada, também, por gritos, assovios e outras formas de manifestação. Este é o esquema básico de um show que as pessoas têm na mente e que, obviamente, pode ter mais ou menos detalhes conforme a experiência de cada um. Ao ler o título e ativar este modelo do que seja um show, o recebedor do texto estabelece as ligações não explícitas entre os termos componentes do mesmo, vendo-o como coerente, pois faz sentido para ele.

Se não tivesse solicitado ao aluno que fizesse um texto calcado no modelo do de Affonso Romano de Sant'Anna, ele poderia ter contado o mesmo fato com um texto como o de (5).

(5) **O Show**

Sexta-feira Raul viu um cartaz anunciando um show de Milton Nascimento para a próxima terça-feira, dia 04/04/89, às 21h, no ginásio do Uberlândia Tênis Clube na Getúlio Vargas. Por ser fã do cantor, ficou com muita vontade de assistir à apresentação. Chegando em casa, falou com o pai que lhe deu dinheiro para comprar o ingresso. Na terça-feira, dia do show, Raul preparou-se, escolhendo uma roupa com que ficasse mais à vontade durante o evento. Foi para o UTC com um grupo de amigos. Lá havia uma multidão em grande expectativa aguardando o início do espetáculo, que começou com meia hora de atraso. Mas valeu a pena: a música era da melhor qualidade, fazendo todos vibrarem e participarem do show. Após o final, Raul voltou para casa com um vazio no peito pela ausência de todo aquele som, de toda aquela alegria contagiante.

Qual a diferença básica entre o texto de (4) e o de (5)? Além de um ser um texto poético e o outro, um texto em prosa, observa-se que, ao contrário do texto (4), em (5) a relação entre os elementos é explicitada inclusive sintaticamente. Há em (5) a utilização, na cadeia linguística, de uma série de recursos que não aparecem em (4):

a) em (5) a sequência dos fatos é marcada não só pela ordem de aparecimento deles no texto – como em (4) – mas também por mercadores linguísticos tais como: Sexta-feira; Chegando em casa; na terça-feira; dia do show; Após o final;

b) algumas relações são explicitadas: assim a causalidade entre ver o cartaz e desejar assistir ao show, a relação entre a "multidão" e a "expectativa", e da música como causadora da vibração e participação do público e, ainda, a relação entre o término do show e o vazio que Raul sente;

c) vários elementos do texto estão interligados de modo que, com frequência, a compreensão de um depende da presença do outro:

- a próxima terça-feira, dia 04/04/89; Na terça-feira, dia do show;
- Raul, Ø ser fã, Ø ficou, Ø assistir, Ø chegando, Ø falou, lhe, Ø comprar, Raul, Ø escolhendo, Ø ficaria, Ø foi, Raul; (Ø indica as elipses do termo Raul);
- O Show (título), show, apresentação, show, evento, espetáculo, show;
- vibrarem e participarem, toda aquela alegria contagiante;
- Milton Nascimento, o cantor;
- multidão, todos;
- a música, todo aquele som;
- 21h, meia hora de atraso;
- no ginásio do Uberlândia Tênis Clube, na Getúlio Vargas; para o UTC, lá;
- início, começou.

Todos estes recursos são estabelecedores do que a linguística chama de *coesão* textual (Cf Koch, 1989), que o texto (4) não apresenta.

A coesão textual, mas não só ela, revela a importância do conhecimento linguístico (dos elementos da língua, seus valores e usos) para a produção do texto e sua compreensão e, portanto, para o estabelecimento da coerência. O conhecimento dos elementos linguísticos e sua relação, por exemplo, com o contexto de situação também é importante para o cálculo do sentido e a percepção de um texto como coerente. Assim, o texto (6) só é perfeitamente inteligível se houver conhecimento do uso dos elementos linguísticos *eu, ela* e *aqui* em relação com a situação de comunicação.

(6) – O que aconteceu?
– Eu não sei. *Ela* estava *aqui*. De repente começou a gritar e desmaiou.
– Está bem, vamos levá-la na ambulância.

Ora, (5) é um texto com coesão e (4) não. Isto evidencia que o cálculo do sentido de um texto, estabelecendo a sua coerência, pode ser auxiliado pela coesão, mas esta não é uma condição necessária. É o que podemos observar nos textos (7) e (8).

(7) **Corte**
Maria Amélia Mello

(O dia segue normal. Arruma-se a casa. Limpa-se em volta. Cumprimenta-se os vizinhos. Almoça-se ao meio-dia. Ouve-se rádio à tarde. Lá pelas 5 horas, inicia-se o sempre).

(Miniconto publicado no *Suplemento Literário do Minas Gerais* nº 686, ano XIV, 24/11/79, p. 9).

(8) João vai à padaria. A padaria é feita de tijolos. Os tijolos são caríssimos. Também os mísseis são caríssimos. Os mísseis são lançados no espaço. Segundo a teoria da Relatividade o espaço é curvo. A geometria rimaniana dá conta desse fenômeno.

(Marcuschi, 1983:31)

Em (7) praticamente não há elementos coesivos entre as frases (talvez o único seja o fato de todas, a partir da segunda, terem sujeito indeterminado), mas o sentido global (o texto fala de um dia comum, igual a todos os demais na vida), talvez, de uma dona de casa, ou seja, de seu cotidiano), apreensível graças à frase inicial, dá coerência à sequência, constituindo-a em texto. No exemplo (8), a sequência é coesiva, mas não é vista como coerente, porque não e possível estabelecer para ela uma continuidade/unidade de sentido.

Como para (4) e (5), também em (7) o receptor do texto ativa conhecimentos de mundo para estabelecer o sentido do texto: aqui uma espécie de modelo do que constitui o dia a dia de uma dona de casa que é representado pelo (re)corte de um desses dias, porque são todos iguais. Mas, se o conhecimento de mundo é importante, não menos importante é que esse conhecimento seja partilhado pelo produtor e receptor do texto, pois, por exemplo, se o receptor do texto "O Show", em (4), não tiver um modelo de show semelhante ao do produtor do texto, certamente não conseguirá construir o sentido deste, pois não poderá estabelecer as relações não explícitas entre os elementos do texto através de inferências. Evidentemente (5) também exige inferências para sua compreensão, mas em número menor.

Um exemplo que deixa bem evidenciada a necessidade de produtor e receptor do texto terem conhecimento comum é a manchete de um jornal paulista que reproduzimos em (9).

(9) Depois do tango, chegou a vez do fado. Na Arábia.

O leitor, sem ler a reportagem, só entenderá do que se trata pelo conhecimento de que: a) o tango é a música da Argentina e o fado, de Portugal; b) a Arábia é um país; c) a manchete está na seção de esportes do jornal; d) quando saiu a manchete, estava se realizando o campeonato mundial de futebol de juniores, com sede na Arábia; e) o time do Brasil já enfrentara o time da Argentina e iria enfrentar o de Portugal. Sem essas informações não expressas na manchete, mas que deveriam fazer parte do conhecimento de mundo do repórter e do leitor do jornal, este segundo não apreenderia o sentido que o primeiro veiculou com a sequência linguística de (9).

O fato de a manchete de (9) estar na seção de esportes é muito importante para o estabelecimento do sentido, porque concentra a atenção do receptor apenas em parte daquilo que ele conhece, no caso, esportes. Se a manchete estivesse, por exemplo, no caderno de cultura, o leitor poderia pensar em um festival de músicas nacionais típicas ou numa série de apresentações de músicas típicas sendo realizado(a) na Arábia.

O conhecimento partilhado também vai estruturar o texto em termos das informações como novas ou não. Assim, por exemplo, no texto (5), a primeira ocorrência do termo *show* veicula uma informação nova dentro do texto, sendo inclusive especificada para compor a entidade Show; de quem (Milton Nascimento), quando (dia 04/04/89 às 21 horas) e onde (no ginásio do Uberlândia Tênis Clube). As demais ocorrências do termo *show* e de seus substitutos (apresentação, evento, espetáculo) já veiculam informação conhecida. A quantidade de informação nova, se muito alta, pode levar alguém a ver uma sequência linguística como um texto incoerente, porque o mesmo não fará sentido para esta

(10) **Show**

MILTON NASCIMENTO: A VOLTA DO MAIS ILUSTRE "CANTADOR"

O mineiro tímido que conquistou o mundo, está de volta. Milton Nascimento apresenta no UTC, dia 04 de abril (terça-feira) às 21 horas, o show "Miltons". Um marco na carreira de um artista que está no auge do seu brilho. O último disco de Milton foi mixado em Nova Iorque e contou com a participação de alguns dos melhores músicos do mundo. Para o show no UTC ele não deixou por menos: sua banda de apoio trará, entre outros nomes, astros internacionais como Herbie Hancock, Rique Pantoja e os brasileiros Naná Vasconcelos, Robertinho Silva e Artur Maia. No repertório, os maiores clássicos do mais famoso cantador mineiro e seus últimos trabalhos.

O show "Miltons" é uma realização da Valetur Turismo e da Pousada do Rio Quente, com produção da GBM Promoções. Os ingressos para arquibancada e cadeiras numeradas estão a venda nas lojas do Grupo Thiara: Zan, Philippe Martin, Thiara, Benneton, Vide Bula e ArtMan.

Milton canta terça-feira no UTC

Correio de Domingo, ano 0, nº 25, p. 01, 02/04/89. Uberlândia, MG.

pessoa. Um exemplo disso seria um texto altamente técnico de uma área de conhecimento, lido por um leigo que conhece pouco ou nada desta área.

(11)

COMENTÁRIO

O «TON» DE «MILTONS» FOI A PERCUSSÃO

Milton Nascimento já começou seu show no UTC (3ª-feira passada) deixando claro que a estrela era ele. Nenhum recurso cênico ou musical: só violão e voz. Aos poucos, a partir da terceira música, a banda de apoio foi subindo ao palco até que o ginásio do UTC explodisse em som. Um som cada vez mais afro, mais tribal. A percussão de Robertinho Silva e seus garotos deu o tom do espetáculo.

Milton vive uma fase feliz. Sua carreira ganhou, nos últimos anos, impulso internacional: estrelou um musical na TV americana com a participação de Paul Simon. É amigo de Sting e das maiores feras do jazz no mundo. Seus últimos Lps têm tido sempre uma lista de participantes especiais importantes.

Mas a internacionalização é uma faca de dois gumes: por vaidade ou oportunismo, dificilmente o artista brasileiro mostra lá fora o que ele é aqui. Já aconteceu com Ivan Lins e Djavan, que em seus discos "made in USA" são muito mais jazzísticos do que eram em sua obra anterior. Está acontecendo com Milton.

"Miltons", disco e show, dá ênfase ao que os americanos esperam da gente: ritmo tambores. E se Milton sempre foi muito bom em brasilidade a tirou de letra a missão, um outro Milton ficou prejudicado: o Milton lírico, o Milton letra e melodia.

Túlio Mourão esteve perfeito nos teclados, mas ficou patente para os ouvidos mais habituados à obra de Milton a falta de guitarra e instrumentos de sopro no show do UTC, especialmente nos números mais lentos. A ausência, neste caso, foi estratégica: o que Milton queria ele conseguiu: ressaltar seu lado negro, africano. Não foi à toa que canções como "Bola de Meia, Bola de Gude" e "Feito Nós", com brilhantes desempenhos do trio de percussionistas foram o ápice de "Miltons".

Mas todas considerações dizem respeito a detalhes estilísticos. Milton Nascimento é inquestionável. E esteve brilhante em seu segundo show na cidade. A falta de um, entre tantos "Miltons" não fez muita diferença. **(Maurício Ricardo)**

Correio de Domingo. Ano 0, nº 26, p. 2, 09/04/89, Uberlândia, MG.

Finalmente é preciso lembrar que o sentido que damos a um texto pode depender (e com frequência depende) do conhecimento de outros textos, com os quais ele se relaciona.

(12)

Correio de Domingo. Ano 0, nº 25, pág. 6, 02/04/89. Uberlândia, MG.

Suponhamos que o leitor do texto (5) visse o cartaz reproduzido em (12) e lesse também os textos (10) e (11), reportagens sobre o mesmo show (que foram usados como motivo para se produzir os textos (4) e (5) em sala de aula) e publicadas por um jornal da cidade antes – (10) – e depois – (11) – do show. A leitura de (10) e (11), sobretudo por pessoas de fora da cidade, mudaria a leitura de (4) e (5), mas também seria influenciada pela leitura destes.

Neste capítulo você deve ter intuído uma concepção básica do que seja o fenômeno da coerência e do que depende. Busquemos a seguir uma visão mais detalhada e sistemática da coerência textual.

2. CONCEITO DE COERÊNCIA

O QUE É COERÊNCIA

Dificilmente se poderá dizer o que é coerência apenas através de um conceito, por isso vamos defini-la através da apresentação de vários aspectos e/ou traços que, em seu conjunto, permitem perceber o que esse termo significa.

Já deve ter ficado claro no capítulo 1 que a coerência está diretamente ligada à possibilidade de se estabelecer um sentido para o texto, ou seja, ela é o que faz com que o texto faça sentido para os usuários, devendo, portanto, ser entendida como um princípio de interpretabilidade, ligada à inteligibilidade do texto numa situação de comunicação e à capacidade que o receptor tem para calcular o sentido deste texto. Este sentido, evidentemente, deve ser do todo, pois a coerência é global. É por isso que uma sequência como a do exemplo (1) é vista como incoerente, pois, apesar de cada uma de suas partes ter sentido ("Maria tinha lavado a roupa quando chegamos" e "ainda estava lavando a roupa"), parece difícil ou impossível, em função da especificidade de valor das formas linguísticas utilizadas, estabelecer um sentido unitário para o todo da sequência. Portanto, para haver coerência é preciso que haja possibilidade de estabelecer no texto alguma forma de unidade ou relação entre seus elementos. Em (1) não se pode relacionar o conteúdo das duas orações, porque a conexão estabelecida entre o conteúdo das duas pelo "mas" resulta impossível semanticamente. Ao contrário, como vimos, nos exemplos (4), (5), (7) e (9), apesar das características diversas dos textos, sempre se pode estabelecer um sentido unitário global para cada texto. Esta unidade resulta numa forma de organização superior (conforme diz Franck, 1980) que relaciona os elementos entre si. Vejamos mais alguns exemplos.

(13) Lista de convidados para festa do meu aniversário

- João da Silva
- José Gregório e esposa
- Alberto D'Onofrio
- Tereza Mardin e noivo
- Cecília Machado

.

.

.

.

- Tios, tias e primos
- Meus irmãos.

Aqui a sequência de nomes seria um amontoado aleatório se não constituísse uma lista de convidados para uma festa o que os relaciona, criando uma unidade.

(14) Triste poema para uma mulher criança. Ugo Giorgetti, uma festa de humor bandido. Premiação. 'Flores', única unanimidade. O arraso de Magic Slim. Tite de

Lemos. Diana Pequeno em nova fase canta autores inéditos. "Mattogrosso", a eco-ópera de Philip Glass. Duplas feitas e desfeitas. Retratos de Chet quando jovem. Ney Matogrosso, a aguda inteligência trabalha ao vivo. Quando o bem sempre triunfava sobre o mal. Romances do tempo em que se perdia a cabeça. Autor que inspirou Machado. Reflexos de São Paulo em Amsterdã. Estas são algumas das matérias do Caderno 2 de "O Estado de São Paulo", hoje, 20/06/89.

Também em (14) o texto parece um conjunto aleatório de referências até que a última sequência possibilita estabelecer uma relação entre todos os enunciados anteriores, unificando-os num só sentido.

(15) **A Eterna Imprecisão de Linguagem**
   Carlos Drummond de Andrade
 – *Que pão!*
Doce? de mel? de açúcar? de ló? de 1ó de mico? de trigo? de milho? de mistura? de rapa? de saruga? de soborralho? do céu? dos anjos? brasileiro? francês? italiano? alemão? do chile? de forma? de bugio? de porco? de galinha? de pássaros? de minuto? ázimo? bento? branco? dormido? duro? sabido? saloio? seco? segundo? nosso de cada dia? ganho com o suor do rosto? que o diabo amassou?
 – *Uma uva!*
Branca? preta? tinta? moscatel? isabel? maçã? japonesa? ursina? mijona gorda? brava? bastarda? rara? de galo? de cão? de cão menor? do monte? da serra? do mato? de mato grosso? de facho? de gentio? de joão pais? do nascimento? do inverno? do inferno? de praia? de rei? de obó? da promissão? da promissão roxa? verde da fábula de La Fontaine? espim? do diabo?

— *Ô diabo!*
Lúcifer? Belzebu? Azazel? Exu? marinho? alma? azul? coxo?
canhoto? beiçudo? rabudo? careca? tinhoso? pé de pato?
pé de cabra?, capa verde? romãozinho? bute? cafute? pedro
botelho? temba? tição? mafarrico? dubá? louro? a quatro?
— *É uma flor.*
Da noite? de um dia? do ar? da paixão? do besouro? da
quaresma? das almas? de abril? de maio? do imperador?
da imperatriz? de cera? de coral? de enxofre? de lã? de lis?
de pau? de natal? de são miguel? de são benedito? da santa
cruz? de sapo? do cardeal? do general? de noiva? de viúva?
da cachoeira? de baile? de vaca? de chagas? de sangue? de
jesus? do espírito santo? dos formigueiros? dos amores? dos
macaquinhos? dos rapazinhos? de pelicano? de papagaio?
de mel? de merenda? de onze horas? de trombeta? de ma-
riposa? de veludo? do norte? do paraíso? de retórica? neu-
tra? macha? estrelada? radiada? santa? que não se cheira?
— *É uma bomba.*
De sucção? de roda? de parede? premente? aspirante
premente? de incêndio? real? transvaliana? vulcânica?
atômica? de hidrogênio? de chocolate? suja? de vestibular
de medicina? de anarquista? de são joão e são pedro?
de fabricação caseira? de aumento do preço do dólar?
enfeitada? de zoncho? de efeito psicológico?
— *É um amor.*
Perfeito? perfeito da china? perfeito do mato? perfeito azul?
perfeito bravo? próprio? materno? filial? incestuoso? livre?
platônico? socrático? de vaqueiro? de carnaval? de cigano?
de perdição? de hortelão? de negro? de deus? do próximo?
sem olho? à pátria? bruxo? que não ousa dizer seu nome?
— *Vá em paz.*
Armada? otaviana? romana? podre? dos pântanos? de
varsóvia? de *requiescat*? e terra?

– *Vá com Deus.*
Qual?

(A Paulo Mendes Campos, v.d.c.)
in *Correio da Manhã*
Extraído de: Silveira, Maria Helena. *Comunicação, Expressão e Cultura Brasileira*
nº 3. Petrópolis: Vozes, 1971, p. 53-55.)

Como se pode observar, neste texto de Drummond, o título é que dá a pista para detectar-se qual a relação pretendida entre os itens lexicais do texto que, sem ele, não constituíram um texto com uma unidade de sentido, mas uma relação de palavras ou expressões.

A relação que tem de ser estabelecida pode ser não só semântica (entre conteúdos), mas também pragmática, entre atos de fala, ou seja, entre as ações que realizamos ao falar (por exemplo: jurar, ordenar, asseverar, pedir, ameaçar, prometer, avisar, advertir, etc.). Este fato é que levou Widdowson (1978) a dizer que a coerência seria a relação entre os atos de fala que as proposições realizam (uma proposição é definida como a representação linguística de um estado de coisas por meio de um ato de referência e um ato de predicação, daí a expressão conteúdo proposicional). Widdowson dá o exemplo reproduzido em (16), já traduzido.

(16) A: O telefone!
B: Estou no banho!
A: Certo.

Este diálogo só será coerente, ou seja, só fará sentido se considerarmos os atos de fala que cada enunciado realiza: Quando A diz "O telefone!" isto é entendido por B como um pedido

("O *telefone* está tocando. Você pode atendê-lo, por favor?"); B responde ao pedido com uma justificativa para não poder atender à solicitação de A ("Não posso atender porque *estou no banho*"). A aceita a justificativa e provavelmente se dispõe ele mesmo a executar a tarefa que solicitara a B que executasse (*Certo. Eu o atenderei*).

Beaugrande & Dressler (1981) e Marcuschi (1983) afirmaram que, se há uma unidade de sentido no todo do texto quando este é coerente, então a base da coerência é a *continuidade de sentidos* entre os conhecimentos ativados pelas expressões do texto (v. p. 72). Essa continuidade diz respeito ao modo como os componentes do mundo textual, ou seja, o conjunto de conceitos e relações subjacentes à superfície linguística do texto são mutuamente acessíveis e relevantes. Evidentemente, o relacionamento entre esses elementos não é linear e a coerência aparece, assim, como uma organização reticulada, tentacular e hierarquizada do texto. A continuidade estabelece uma coesão conceitual cognitiva entre os elementos do texto através de processos cognitivos que operam entre os usuários (produtor e receptor) do texto e são não só de tipo lógico, mas também dependem de fatores socioculturais diversos e de fatores interpessoais entre os quais podemos citar:

a) as intenções comunicativas dos participantes da ocorrência comunicativa de que o texto é o instrumento (o que caracteriza o nível argumentativo – v. p. 97);

b) as formas de influência do falante na situação de fala;

c) as regras sociais que regem o relacionamento entre pessoas ocupando determinados "lugares sociais" pais/filhos, professor/aluno, patrão/empregado, marido/mulher, vendedor/comprador, etc.

A continuidade dos conhecimentos ativados pelas expressões linguísticas termina por constituir o que chamamos de tópico discursivo, ou seja, aquilo sobre o que se fala no texto, seja ele oral (resultado de um diálogo ou não) ou escrito. Observemos um pouco essa continuidade no texto de propaganda transcrito em (17).

(17) **VOYAGE. UM CARRO TESTADO E APROVADO EM TODOS OS CAMINHOS DO BRASIL**
De norte a sul, andando por aí, você vai encontrar cantinhos de terra, ruas e estradas perfeitamente asfaltadas e outras não tão boas assim. Mas existe um carro que conhece como nenhum essas diferenças e se adapta perfeitamente a qualquer situação, porque foi projetado e construído especialmente para as condições brasileiras: o Voyage. Somente um carro ágil e versátil como o Voyage pode enfrentar os mais diversos tipos de pistas, mantendo a elegância na cidade, na estrada e no campo. Com seu motor AP600 ou AP8OO e seu câmbio de 4 ou 5 marchas, o Voyage tem desempenho perfeito em qualquer terreno. Sua suspensão, reforçada, foi feita para enfrentar os caminhos mais difíceis. E a economia do seu motor é ideal para quem não quer gastar muito no trânsito das cidades. Essa versatilidade se completa com o conforto que você encontra dentro do Voyage. O espaço exato para passageiros e bagagens, combinando com um acabamento que leva em conta os mínimos detalhes. Se você quer conhecer os caminhos do Brasil, escolha um Voyage. Com ele você tem a confiança que só a tecnologia Volkswagen pode oferecer.

VOLKSWAGEN
VOCÊ CONHECE, VOCÊ CONFIA

(Publicado em *Isto É – Senhor*, nº 1029, p. 10 e 11, 07/06/89)

OBS. – Este texto aparece abaixo de uma fotografia de duas páginas de um carro do modelo Voyage de cor vermelha sobre um fundo constituído pelo mapa rodoviário de uma pequena região do Brasil.

Esta é uma propaganda de um modelo de carro que, em primeiro lugar, quer ressaltar as qualidades do mesmo para convencer o consumidor a comprá-lo. (Verifica-se aqui a interferência da intenção comunicativa do produtor do texto.) O argumento básico escolhido para atingir esse objetivo, realizar essa intenção, é a capacidade do carro de ter um bom desempenho em qualquer tipo de caminho, capacidade essa que não é só declarada mas que, segundo a sequência, em tipos grandes no anúncio (que funciona como uma espécie de "título"), foi testada e aprovada (comprovada). A seguir é apresentado um inventário de conhecimentos ativados através das expressões linguísticas, para que o leitor possa sentir melhor como eles são mutuamente acessíveis e pertinentes e de uma maneira não linear, pois não obedece à sequência de apresentação dos elementos no texto:

a) *a existência de diferentes caminhos no Brasil, frequentemente sem boas condições de trânsito:* em todos os caminhos do Brasil; caminhos de terra, ruas e estradas perfeitamente asfaltadas e outras não tão boas assim; essas diferenças, qualquer situação; as condições brasileiras; versátil; os mais diversos tipos de pistas; na cidade, na estrada e no campo; qualquer terreno; os caminhos mais difíceis; os caminhos do Brasil;

b) *a totalidade dos caminhos foi considerada:* todos; De norte a sul;

c) *a existência de um carro (o Voyage) capaz de enfrentar essa diversidade de caminhos, muitas vezes ruins:* Voyage. Um carro testado e aprovado em todos os cantinhos do Brasil; existe um carro que conhece como nenhum essas diferenças e se adapta perfeitamente a qualquer situação, porque foi projetado e construído especialmente para as condições brasileiras: o Voyage; Somente um carro ágil e versátil como o Voyage pode enfrentar...; tem desempenho perfeito em qualquer terreno; Sua suspensão reforçada foi feita para enfrentar os caminhos mais difíceis; essa versatilidade; Se você quer conhecer melhor os caminhos do Brasil escolha um Voyage;

d) *outras vantagens que o Voyage oferece, além da indicada em c:*

- *agilidade:* ágil;

- *elegância:* mantendo a elegância;

- *vantagens mecânicas:* motor AP600 ou AP800 e seu câmbio de 4 ou 5 marchas; suspensão reforçada; a *economia* do seu motor;

- *conforto:* se completa com o conforto que você encontra dentro do Voyage. O espaço exato para passageiros e bagagens;

- *beleza e refinamento:* acabamento que leva em conta os mínimos detalhes;

- *confiança:* a confiança que só a tecnologia Volkswagen oferece; Volkswagen. Você conhece, você confia;

- *qualidade superior* do Voyage: testado e aprovado em *todos* os caminhos; como nenhum; perfeitamente; especialmente; somente; perfeito; completa; exato; mínimos detalhes; só;

f) o *carro:* aparece 20 (vinte) vezes no texto sendo evocado 03 (três) vezes pela palavra *carro* (um carro testado, existe um carro, somente um carro); 06 (seis) vezes pelo nome do modelo (Voyage); 05 (cinco) vezes por elipse (Ø aprovado, Ø adapta, Ø foi projetado, Ø construído, Ø mantendo) e 06 (seis) vezes por pronomes anafóricos (*que* conhece, *seu* motor, *seu* câmbio, *sua* suspensão, a economia do *seu* motor, Com *ele*;

g) o *consumidor:* aparece 07 (sete) vezes representado pelo pronome *você*, criando uma espécie de intimidade entre o produtor e o receptor do texto, importante para a consecução do objetivo.

O simples cotejo das ideias das expressões linguísticas que as ativam e das suas posições no texto deixam evidente o caráter não linear, reticulado, tentacular da coerência, que se liga à organização subjacente do texto e não à sua organização superficial, linguística, linear, embora esta dependa daquela e sirva de pista para sua determinação (v. p. 47). A observação das relações entre as ideias (conhecimentos ativados) mostram como elas são mutuamente acessíveis e relevantes, influindo umas na construção das outras e se entremeando em sua expressão pela língua: as ideias de *c* a *e* aparecem como uma solução para o problema dos caminhos (*a* e *b*) para convencer *g* (o consumidor –aqui presente apenas como alvo do texto) a comprar o carro *(f)*, o que constitui a intenção comunicativa do produtor do texto.

Nota-se no que acabamos de mostrar que a coerência se estabelece na interlocução entre os usuários do texto (seu produtor e recebedor), aspecto que retomamos adiante.

Essa continuidade pode ser observada também nos textos apresentados nos exemplos (4) e (5), em que todas as expressões ativam conhecimento ligado ao fato de ir a shows; no exemplo (7), onde encontramos elementos do cotidiano de uma dona de casa e nos exemplos (10) e (11),nos quais o tópico é o cantor Milton Nascimento e o show que ele realizou na cidade de Uberlândia.

Textos como os de (13), (14) e (15) não apresentam a continuidade do tipo mostrado com o texto de (17). Nestes textos a continuidade é representada por uma ideia unificadora que cria uma relação entre os elementos, que constituem o texto à medida que cada um desses elementos (palavras, frases, nomes, etc.) se torna uma instância, um exemplo do elemento unificador. Deve-se, pois, estar atento a diferentes formas de chegar ao mesmo resultado.

Textos sem continuidade são considerados como incoerentes, como é o caso do texto do exemplo (8) e, por isso mesmo, não seriam considerados propriamente textos, mas um conjunto aleatório de elementos (frases no caso de 8), um amontoado sem sentido global que possa formar um texto.

Embora a continuidade relativa a um dado tópico discursivo seja uma condição para o estabelecimento da coerência, nem sempre a descontinuidade representará incoerência. Vejam-se os casos dos exemplos (18) e (19). No exemplo (18) temos um caso típico de texto humorístico em que a descontinuidade de conhecimentos é usada como um recurso para fazer rir. Embora o texto não seja visto pelos usuários como incoerente, o riso resulta justamente do fato de os receptores do quadro humorístico identificarem que ali ocorre um fato que não é normal ou o esperável dentro da construção do texto numa situação de interlocução. No exemplo (19) temos o sermão de um padre sobre uma passagem do Evangelho. No sermão, o padre insere dois trechos de explicações, onde ele dá esclarecimentos sobre fatos do tempo de Jesus que ele considera necessários para o bom entendimento do texto, talvez porque suponha que seus ouvintes desconheçam tais fatos. Os dois trechos, que podem ser considerados digressões, são marcados na fala do padre por elementos linguísticos que grifamos no texto ("Como todos sabem/Pois bem" e "Antes de continuar é preciso lembrar/Pois bem, voltemos à passagem do Evangelho") e que evidenciam que o produtor do texto considera os trechos como algo à parte, inserido no *continuum* daquilo de que ele está tratando. Esses mercadores são frequentes quando temos digressões, embora não seja obrigatório que apareçam, sobretudo em textos conversacionais.

(18) O aluno se aproxima do professor para lhe pedir alguns esclarecimentos:
— Professor, gostaria de lhe fazer algumas perguntas.
— Pois não.
— Eu queria saber as causas econômicas da Revolução Francesa / e também as causas sociais, políticas, filosóficas, psicológicas, morais e religiosas.
(o trecho após a barra é falado de enfiada, quase sem tomar fôlego).
— É *só* isso que você quer saber?
(o professor coloca ênfase em *só* como a fazer uma leve ironia em relação à pergunta do aluno).
— Também gostaria de saber porque as garotas não me dão bola.

(Com entonação natural, como se isto não fosse algo totalmente díspar do que perguntara antes).

(RISOS)

(19)(a) Texto bíblico

A pecadora penitente
Um fariseu convidou Jesus a ir comer com ele. Jesus entrou na casa dele e pôs-se à mesa. Uma mulher pecadora da cidade, quando soube que estava à mesa em casa do fariseu, trouxe um vaso de alabastro cheio de bálsamo; e, estando a seus pés, por detrás dele, começou a chorar. Pouco depois suas lágrimas banhavam os pés do Senhor e ela os enxugava com os cabelos da sua cabeça, beijava-os e os ungia com o bálsamo. Ao presenciar isto, o fariseu, que o tinha convidado, dizia consigo mesmo: Se este homem fosse profeta, bem saberia quem e qual é a mulher que o toca; pois é pecadora. Então Jesus lhe disse: "Simão, tenho uma coisa a dizer-te", "Fala, Mestre", disse ele. "Um credor tinha dois devedores: um lhe devia quinhentos denários e o outro, cinquenta. Não tendo eles com que pagar, perdoou a ambos. Qual deles o amará mais?" Simão respondeu: "A meu ver, aquele a quem ele mais perdoou". Jesus replicou-lhe: "Julgaste bem." E voltando-se para a mulher, disse a Simão: "Vês esta mulher? Entrei em tua casa e não me deste água para lavar os pés; mas esta com suas lágrimas regou-me os pés e enxugou-os com os seus cabelos. Não me deste o ósculo: mas esta, desde que entrou, não cessou de beijar-me os pés. Não me ungiste a cabeça com óleo; mas esta com bálsamo ungiu-me os pés. Por isso te digo: seus numerosos pecados lhe foram perdoados, porque ela tem demonstrado muito amor. Mas ao que pouco se perdoa, pouco ama".

E disse a ela: "Perdoados te são os pecados". Os que estavam com ele à mesa começaram a dizer então: "Quem é este homem que até perdoa pecados?" Mas Jesus dirigindo-se à mulher disse-lhe: "Tua fé te salvou; vai em paz".

(Evangelho Segundo São Lucas, cap. 7, versículos 36 a 50)

b) Sermão

O Evangelho de hoje nos traz uma belíssima lição. A lição do amor e da fé. O exemplo daqueles que amam porque acreditam e por isso se salvam, porque não esperam receber para depois amar, mas amam a Deus e a Jesus porque acreditam, têm fé e não porque receberam graças, ou antes, sabem reconhecer as graças, as dádivas divinas que preenchem a nossa vida: o dom de falar, de ouvir, de se locomover, as maravilhas da natureza inclusive o corpo que Deus nos deu, tão perfeito, e que muitas vezes agredimos com nossos vícios e abusos. A leitura do Evangelho é a passagem da pecadora que entrou na casa do fariseu que tinha convidado Jesus para cear com ele. *Como todos sabem,* os fariseus eram uma classe política e religiosa que queria desacreditar Jesus e procurava sempre um modo de flagrá-lo em erro ou buscava meios ou fatos que demonstrassem não ser ele o profeta que o povo acreditava ser. *Pois bem,* quando a mulher da passagem entrou na casa do fariseu e começou a lavar os pés de Jesus com as próprias lágrimas e a ungi-los com óleo perfumado, o fariseu logo pensou que Jesus aceitava aquelas homenagens por não saber que ela era uma pecadora e por isso não era realmente profeta. Jesus, que tudo sabia, deu então uma lição. *Antes de continuar é preciso lembrar* que no tempo de Jesus as pessoas não se sentavam à mesa em cadeiras como hoje, mas reclinavam-se em divãs sobre os quais colocavam os pés. Como as estradas e ruas eram poeirentas era costume e mostra de consideração o anfitrião oferecer água e toalha para que o convidado lavasse os pés e assim não se visse constrangido a sujar de pó o divã em que se reclinasse; além disso devia ungir o convidado com óleo perfumado para disfarçar o odor da transpiração e ainda beijar o convidado como sinal de boas-vindas. *Pois bem, voltemos à passagem do Evangelho.* Jesus leva o fariseu Simão a julgar sobre quem mais deve amar aquele que perdoa e depois compara o seu comportamento de anfitrião que não cumprira com seus deveres, talvez demonstrando com isso não amar o convidado, e o da mulher pecadora que revelava um grande amor a Jesus. Jesus então diz ao fariseu que os inúmeros pecados da mulher estavam perdoados porque ela demonstrara muito amor e, ao dizer "Mas ao que pouco se perdoa pouco ama", deixa entrever que perdoava ao fariseu o fato de ele querer apanhá-lo, a Jesus, em falta e finalmente diz à mulher para ir em paz porque ela fora salva pela própria fé. Guardemos pois esta lição de amor: é só amando a Jesus e a Deus que seremos salvos. Amar a Jesus e a Deus é ter fé. E amemos muito para sermos perdoados de todos os nossos pecados, para recebermos a graça de resolvermos todos os nossos problemas, porque temos a paz de Deus em nossos corações.

Os processos cognitivos operantes entre os usuários do texto a que nos referimos há pouco caracterizam a coerência na medida em que dão aos usuários a possibilidade de criar um mundo textual que pode ou não concordar com a versão estabelecida do "mundo real". Daí a possibilidade de narrativas fantásticas, contos de fada, fábulas, textos de premonição (ficção científica, horóscopos, etc.) entre outros.

Em dois momentos já ficou sugerido que a coerência é algo que se estabelece na interlocução, na interação entre dois usuários numa dada situação comunicativa. Possivelmente em função disso, Charolles (1979: 81) afirmou que a coerência seria a qualidade que têm os textos que permite aos falantes reconhecê-los como bem formados, dentro de um mundo possível (ordinário ou não). A boa formação seria vista em função da possibilidade de os falantes recuperarem o sentido de um texto, calculando sua coerência. Considera-se, pois, a coerência como princípio de interpretabilidade, dependente da capacidade dos usuários de recuperar o sentido do texto pelo qual interagem, capacidade essa que pode ter limites variáveis para o mesmo usuário dependendo da situação e para usuários diversos, dependendo de fatores vários (como grau de conhecimento sobre o assunto, grau de conhecimento de um usuário pelo outro, conhecimento dos recursos linguísticos utilizados, grau de integração dos usuários entre si e/ou com o assunto, etc.). Deve ter ficado claro que a coerência tem a ver com "boa formação" do texto num sentido totalmente diverso da noção de gramaticalidade usada pela gramática gerativa-transformacional no nível da frase. A coerência tem a ver com boa formação em termos da interlocução comunicativa, que determina não só a possibilidade de estabelecer o sentido do texto (v. exemplo (20)), mas também, com frequência, qual sentido se estabelece (v. exemplo (21)).

(20) **A Vaguidão Específica**
"As mulheres têm uma maneira de falar que eu chamo de vago-específica." (Richard Gehman)
— Maria, ponha isso lá fora em qualquer parte.
— Junto com as outras?

– Não ponha junto com as outras, não. Senão pode vir alguém e querer fazer qualquer coisa com elas. Ponha no lugar do outro dia.

– Sim senhora. Olha, o homem está aí.

– Aquele de quando choveu?

– Não, o que a senhora foi lá e falou com ele no domingo.

– Que é que você disse a ele?

– Eu disse para ele continuar.

– Ele já começou?

– Acho que já. Eu disse que podia principiar por onde quisesse.

– É bom?

– Mais ou menos. O outro parece mais capaz.

– Você trouxe tudo pra cima?

– Não senhora, só trouxe as coisas. O resto não trouxe porque a senhora recomendou para deixar até a véspera.

– Mas traga, traga. Na ocasião, nós descemos tudo de novo. É melhor senão atravanca a entrada e ele reclama como na outra noite.

– Está bem, vou ver como.

(Fernandes, Millôr. Trinta anos de mim mesmo, Círculo do Livro, p. 77)

Neste texto de Millôr Fernandes podemos isolar duas situações de interlocução: a) a que ocorre entre Millôr e seus leitores e b) a que ocorre entre as duas mulheres. Pode-se perceber que as duas mulheres estão se entendendo perfeitamente, embora nós, leitores, não consigamos perceber de que elas estão falando, afinal de contas. Ou seja, o texto que elas constroem em seu diálogo é bem formado para elas porque o que uma diz faz sentido para a outra, portanto soa como coerente. Os leitores não percebem do que elas falam porque não compartilham nem a situação em que elas estão totalmente integradas, compartilhando uma série de conhecimentos que não temos, nem mesmo o cenário onde o diálogo se passa para ter as pistas que deem sentido a expressões como *isso, outras, lá, pra cima, coisas,* etc. Na interlocução entre o autor e o leitor temos o título do texto, a epígrafe e o diálogo das duas mulheres, o conhecimento do autor e do objetivo quase sempre humorístico e crítico de seus textos. Aí a situação já muda e podemos recuperar o provável sentido do texto: uma crítica humorística ao modo de falar das mulheres, funcionando o diálogo como um exemplo comprovador. E a sua falta de sentido passa a fazer parte do sentido que o autor queria veicular na interlocução com o leitor.

(21) Não tem jeito mesmo...

Bruno Gideon

Ficção

"Trinta palavras no máximo; não há espaço para mais", disse o chefe da redação ao jornalista. Por isso, a notícia que apareceu no jornal foi:

Uma mulher escorregou numa casca de banana, numa faixa de pedestres da Bahnhofstrasse. Foi imediatamente transportada para a clínica da universidade, onde lhe foi diagnosticada uma perna quebrada.

A primeira reação surgiu imediatamente, numa carta registrada em que um importador de bananas escrevia: "Protestamos veementemente contra o descrédito dado ao nosso produto. Considerando que, nos últimos meses, vocês publicaram pelo menos 14 comentários negativos sobre os países produtores de bananas, não podemos deixar de inferir uma intenção de difamação deliberada de sua parte".

Por sua vez, o diretor da clínica da universidade também se pronunciou, alegando que a expressão "foi transportada" poderia significar "o transporte de seres humanos como se se tratasse de carga", o que contrariava totalmente os hábitos de seu hospital. "Além disso", salientou, "posso provar que a fratura da perna resultou da queda e não, como foi sugerido com intenção malévola, do transporte para o hospital".

Para finalizar, um membro do Departamento Municipal de Engenharia Civil telefonou, informando ao jornal que a causa do tombo não deveria ser atribuída ao estado da faixa de pedestres. Além disso, como o Comitê de Defesa das Faixas para Pedestres estava prestes a concluir seu relatório, após seis anos de trabalho, perguntava se seria possível – para evitar possíveis consequências políticas – não fazer qualquer alusão a tais passagens nos próximos meses.

A notícia foi revista e, na manhã seguinte, apareceu com o seguinte texto. *Uma mulher caiu na rua e quebrou a perna.* No dia seguinte, os editores receberam apenas duas cartas a respeito. Uma, indignada, era da Associação Não Lucrativa dos Direitos das Mulheres, cuja porta-voz repudiava "vivamente e em definitivo" o texto discriminatório *uma mulher caiu,* o qual evocava uma associação infeliz com "mulheres caídas" e constituía uma prova de que "mais uma vez, neste mundo dominado pelo homem, a imagem da mulher estava sendo manipulada da maneira mais pérfida e chauvinista!" A carta ameaçava com um processo judicial, boicote e outras medidas. A outra reação veio de um leitor que cancelava sua assinatura, alegando o número cada vez maior de notícias triviais e sem interesse.

(Extraído de: *Seleções do Reader's Digest.* Tomo XXXVI, nº 217. Junho de 1989, p. 109, 110.)

O texto de (21) mostra como a mesma sequência linguística, feita pelo mesmo produtor e divulgada num só veículo ensejou, na interlocução com diferentes receptores, o estabelecimento de diferentes sentidos. Não se deve pensar que a questão de estabelecimento de sentido esteja apenas do lado do receptor. A questão é mesmo de interação. Assim, por exemplo, em (16), o sentido que propusemos em função das expressões usadas pode ser básico em diversas interações, mas pode adquirir nuances cuja presença ou não pode ser contornada, inclusive com alteração das sequências linguísticas. O diálogo de (16), com o sentido que propusemos para ele, seria inteiramente plausível entre, digamos, marido e mulher. Se se tratasse de patrão (A) e empregado (B), é possível que o patrão (A) visse na resposta de B (Estou no banho!) além da justificativa, uma certa falta de respeito, sentido que provavelmente não surgiria se B respondesse ao patrão como em (22).

(22) Por favor, senhor. Estou no banho!

Se, em (16), tivermos o contrário: A é o empregado e B o patrão, é pouco provável que a expressão "O telefone!" seja entendida como uma solicitação (ordem ou pedido) para atender o telefone: neste caso a tendência de interpretação de (16) já passaria a ser algo como o que propomos em (23), em que o empregado falaria com o patrão da porta de seu quarto, por exemplo.

(23) A: O telefone! – Estão chamando-o ao telefone, por favor, atenda.
B: Estou no banho! – Não posso atender porque estou no banho.

A: Certo – Certo, vou dizer à pessoa que ligue depois ou deixe recado.

É evidente que tudo isto tem muito a ver com a questão da leitura e do seu ensino.

Van Dijk e Kintsch (1983) falam de *coerência local,* referente a parte do texto ou a frases ou a sequências de frases dentro do texto; e em *coerência global,* que diz respeito ao texto em sua totalidade. Já mostramos que a coerência do texto é global. A coerência local advém do bom uso dos elementos da língua em sequências menores, para expressar sentidos que possibilitem realizar uma intenção comunicativa. Incoerências locais advêm do mau uso desses mesmos elementos linguísticos para o mesmo fim.

É o que temos nos exemplos (1), (2) e (3) e também no exemplo (24) a seguir, que é uma redação de aluno feita sobre o tema "felicidade".

(24) Felicidade é um viver como aprendiz. É retirar de cada fase da vida uma experiência significativa para o alcance de nossos ideais.

É basear-se na simplicidade do caráter ao *executar problemas complexos; ser catarse* permanente de *doação sincera e espontânea.*

A felicidade, *onde não existem técnicas científicas para sua obtenção,* faz-se de pequenos fragmentos captados de sensíveis expressões vivenciais. Cada dia traz inserido na sua forma, um momento cujo silêncio sussurra no interior de cada vivente chamando-o para a reflexão *de* um episódio feliz.

(Redação de Vestibular/1985 –
Universidade Federal de Uberlândia.)

Independente de outros fatos ou problemas que possam ser detectados e comentados, observamos em (24) algumas incoerências locais:

a) o uso inadequado dos itens lexicais "executar" e "catarse", em relação respectivamente com "problemas" e "de doação sincera e espontânea", certamente prejudica a recuperação do sentido pelo leitor deste texto, que terá de fazer um esforço suplementar na tentativa de descobrir o que o produtor quis dizer;

b) o uso do verbo "ser" no infinitivo, ao contrário dos outros verbos no presente, pode criar expectativa de uma continuação da sequência iniciada após o ponto e vírgula que, ao não ser preenchida, perturba o trabalho de interpretação;

c) o uso de uma oração adjetiva introduzida por "onde" é totalmente inadequado nesta sequência, pois, assim, a conexão não se faz adequadamente, dificultando o cálculo da coerência pelo receptor;

d) o uso da preposição "de" após "reflexão" também pode criar incoerência local, deixando o receptor confuso quanto ao que produtor pretendia dizer, pois pode dar a ideia de reflexo físico, e não de algo abstrato.

É preciso observar que a incoerência local não impede totalmente o cálculo do sentido, embora o torne mais difícil; mas, ao se construir um texto, é preciso cuidado, pois o acúmulo de incoerências locais pode tornar o todo do texto incoerente.

Van Dijk e Kintsch (1983) mencionam diversos tipos de coerência:

a) *Coerência semântica*, que se refere à relação entre significados dos elementos das frases em sequência em um texto (local) ou entre os elementos do texto como um todo. Assim, no exemplo (24), ao escrever "executar problemas", o produtor criou uma incoerência semântica, já que os sentidos das duas palavras não "combinam". Talvez ele quisesse ou devesse dizer "resolver problemas". A contradição de sentidos também cria incoerências semânticas, como se pode observar no exemplo (25), onde a primeira e a segunda parte do que se diz são mutuamente contraditórias. O respeito ou desrespeito às relações de sentido entre os significados dos termos (como hiponímia ou hiperonímia) também tem a ver com coerência semântica (v. exemplo 26). Estes são apenas alguns casos para que se perceba o que se entende por coerência semântica.

(25) A frente da casa de vovó é *voltada para o leste* e tem uma enorme varanda. Todas as tardes ela fica na varanda em sua cadeira de balanço apreciando *o pôr do sol.*
(A posição da frente da casa e o que se diz que a avó faz à tarde são contraditórias, já que o sol não se põe a leste, mas a oeste.)
(26) Roberto tem um belo *veículo*. É um *cavalo* árabe puro sangue. (Cavalo não é hipônimo de veículo e a sequência aparece como incoerente.)

b) *Coerência sintática,* que se refere aos meios sintáticos para expressar a coerência semântica como, por exemplo, os conectivos, o uso de pronomes, de sintagmas nominais definidos e indefinidos etc. Em (24) temos um caso de incoerência sintática com o uso de "onde". A coerência pode ser recuperada construindo-se a sequência como em (27).

(27) A felicidade, *para cuja* obtenção não existem técnicas científicas, faz-se de pequenos fragmentos...

Observe-se as sequências de (28).

(28) a) João foi à festa, todavia ele não fora convidado.
b) João foi à festa, todavia ela não fora convidada.
c) João foi à festa, porque fora convidado.
d) João foi à festa, todavia porque não fora convidado.
e) João foi à festa, todavia, porque não fora convidado, pediram-lhe que se retirasse.

São coerentes as de *a, c, e*, porque foram usados os recursos sintáticos adequados à expressão da ideia. A sequência (28b) é problemática, porque houve falha no uso do pronome: o pronome "ela" teria que se referir anaforicamente a "festa" e "a festa não pode ser convidada", dentro do senso comum. Já (28d) é incoerente por que o uso de "todavia" pressupõe um continuação que não aparece. Neste caso, o receptor trabalha com duas hipóteses: ou o produtor do texto usou mal os conectivos e é preciso retirar um dos conectivos, deixando o mais adequado a expressar uma relação plausível entre o conteúdo das duas orações, ou o produtor deixou de colocar uma ideia que pretendia veicular para o receptor e o texto está, pois, incompleto.

A coerência sintática nada mais é do que um aspecto da coesão que pode auxiliar no estabelecimento da coerência. Na p. 47 discutimos mais a relação da coesão com a coerência.

c) *Coerência estilística,* pela qual um usuário deveria usar em seu texto elementos linguísticos (léxico, tipos de estruturas, frases, etc.) pertencentes ou constitutivos do mesmo estilo ou registro linguístico. Embora essa possa ser uma exigência plausível dentro de um contexto normativo do uso da língua, o uso de estilos diversos parece não criar problemas maiores para a coerência entendida como princípio de interpretabilidade. Na verdade, esta é uma noção que tem utilidade na explicação de fenômenos de quebra estilística. Seria o caso, por exemplo, do uso de gírias em textos acadêmicos, sobretudo orais (as conferências), ser normalmente precedido de ressalvas como "se me permitem o termo", "para usar uma expressão popular que bem expressa isso", etc. ou do uso de palavras de baixo calão em conversas "polidas" ser normalmente precedido de um "com o perdão da palavra".Em (29), que é um cartão de condolências, há uma incoerência estilística inaceitável pelas normais sociais (que afeta o estabelecimento da coerência), mas que não é problemática do ponto de vista do estabelecimento do sentido e poderia até ser usada de propósito se a intenção do produtor fosse passar a ideia de irreverência ou de não respeito ao sentimento do recebedor ou de que para ele (produtor), o evento em realidade não provoca o sentimento que normalmente se externa nessas ocasiões.

(29) Prezado Antônio,
Neste momento quero expressar meus profundos sentimentos por sua mãe ter batido as botas.

d) *Coerência pragmática,* que tem a ver com o texto visto como uma sequência de atos de fala. Estes são relacionados de modo que, para a sequência de atos ser percebida como apropriada, os atos de fala que a constituem devem satisfazer as mesmas condições *presentes em uma dada situação comunicativa*. Caso contrário temos incoerência. Assim, por exemplo, se um amigo faz um pedido a outro, seria esperável que tivéssemos uma das seguintes sequências de atos:

- pedido/atendimento
- pedido/promessa
- pedido/jura
- pedido/solicitação de esclarecimento/esclarecimento
- atendimento ou promessa
- pedido/recusa/justificativa
- pedido/recusa

e não sequências como

- pedido/ameaça
- pedido/declaração de algo que não tem nenhuma relação com o conteúdo do pedido

que seriam vistas como incoerentes, a exemplo de (30), que certamente levaria o falante A a pedir esclarecimento ou se aborrecer interpretando a fala do outro como recusa ou descaso, entre outras possibilidades.

(30) A: Você me empresta seu livro do Guimarães Rosa?
B: Hoje eu comi um chocolate que é uma delícia!

Esta divisão da coerência em tipos tem o mérito de chamar a atenção para diferentes aspectos daquilo que chamamos de coerência: o semântico, o pragmático, o estilístico e o sintático (ou gramatical, ou da superfície linguística). Mas é preciso ter sempre em mente que a coerência é um fenômeno que resulta da ação conjunta de todos esses níveis e de sua influência no estabelecimento do sentido do texto, uma vez que a coerência é, basicamente, um princípio de interpretabilidade do texto, caracterizado por tudo de que o processo aí implicado possa depender (v. capítulo 4), inclusive a própria produção do texto, na medida em que o produtor do texto quer que seja entendido e o constitui para isso, excetuadas situações muito especiais.

RELAÇÃO ENTRE COERÊNCIA E COESÃO

Como vimos, a coerência é subjacente, tentacular, reticulada, não linear, mas, como bem observa Charolles (1978), ela se relaciona com a linearidade do texto. Isto quer dizer que a coerência se relaciona com a *coesão* do texto, pois por *coesão* se entende a ligação, a relação, os nexos que se estabelecem entre os elementos que constituem a superfície textual. Ao contrário da coerência, que é subjacente, a coesão é explicitamente revelada através de marcas linguísticas, índices formais na estrutura da sequência linguística e superficial do texto, o que lhe dá um caráter *linear,* uma vez que se manifesta na organização sequencial do texto. Assinalando a conexão entre as diferentes partes do texto, tendo em vista a ordem em que aparecem, a coesão é sintática e gramatical, mas também semântica, pois, em muitos casos, os mecanismos coesivos se baseiam numa relação entre os significados de elementos da superfície do texto, como na chamada coesão referencial.

Há duas grandes modalidades de coesão: a coesão remissiva ou referencial (remissão ou referenciação) e a coesão sequencial (ou sequenciação) (Cf. Koch 1989).

A coesão referencial é a que se estabelece entre dois ou mais componentes da superfície textual que remetem a (ou permitem recuperar) um mesmo referente (que pode, evidentemente, ser acrescido de outros traços que se lhe vão agregando textualmente). Ela é obtida por meio de dois mecanismos básicos.

a) *substituição:* quando um componente da superfície textual é retomado (anáfora) ou precedido (catáfora) por uma pró-forma (pronome, verbo, advérbio, quantificadores que substituem outros elementos do texto). Há também a substituição por zero (Ø) que é a elipse;

b) *reiteração:* que se faz através de sinônimos, de hiperônimos, de nomes genéricos, de expressões nominais definidas, de repetição do mesmo item lexical, de nominalizações.

A *coesão sequencial* também se faz através de dois procedimentos: a *recorrência* e a *progressão.*

A *sequenciação por recorrência* (ou *parafrástica*) é obtida pelos seguintes mecanismos: recorrência de termos, de estruturas (o chamado paralelismo), de conteúdos semânticos (paráfrase), de recursos fonológicos segmentais e suprassegmentais (ritmo, rima, aliteração, eco, etc.), de aspectos e tempos verbais.

A *coesão sequencial por progressão* (ou *frástica*) é feita por mecanismos que possibilitam:

a) a *manutenção temática,* pelo uso de termos de um mesmo campo lexical;

b) os *encadeamentos,* que podem se dar por *justaposição* ou *conexidade.* Na *justaposição,* usam-se partículas sequenciadoras que podem ser temporais (referindo-se ao tempo do "mundo real") ou ordenadoras ou continuativas de enunciados ou sequências textuais, quando dizem respeito à linearidade e à ordenação de partes do texto. O *encadeamento por conexão* é feito através de conectores de tipo lógico (estabelecem relações de conjunção, disjunção, implicação lógica, etc.) ou através de operadores de discurso (estabelecem relações discursivas ou argumentativas entre enunciados do texto, operando a conjunção, disjunção ou contrajunção de argumentos ou acrescentando a enunciados atos de justificação, explicação, conclusão, especificação, generalização, etc.).

Já comentamos casos desses mecanismos de coesão, sobretudo nos exemplos (5), (17), (19), (24), (27) e (28). O leitor interessado em maiores detalhes sobre coesão e seus mecanismos pode recorrer à obra de Koch, 1989.

Como já dissemos, a relação da coesão com a coerência existe porque a coerência é estabelecida a partir da sequência linguística que constitui o texto, isto é, os elementos da superfície linguística é que servem de pistas, de ponto de partida para o estabelecimento da coerência. A coesão ajuda a estabelecer a coerência na interpretação dos textos, porque surge como uma manifestação superficial da coerência no processo de produção desses mesmos textos, pois, como diz Benárdez (1892), "o texto não é coerente porque as frases que o compõem guardam entre si determinadas relações, mas estas relações existem precisamente devido à coerência do texto. A relação entre coesão e coerência é um processo de mão dupla: na produção do texto se vai da coerência (profunda), a partir da intenção comunicativa, do pragmático até o sintático, ao superficial e linear da coesão e na compreensão do texto se percorre o caminho inverso das pistas linguísticas na superfície do texto à coerência profunda".

Embora a coesão auxilie no estabelecimento da coerência, ela não é garantia de se obter um texto coerente. Na verdade, como observa Charolles (1989), os elementos linguísticos da coesão não são nem necessários, nem suficientes para que a coerência seja estabelecida. Haverá sempre necessidade de recurso a conhecimentos exteriores ao texto (conhecimento de mundo, dos interlocutores, da situação, de normas sociais, etc.).

Como a *coesão não é necessária,* há muitas sequências linguísticas com poucos ou nenhum elemento coesivo, mas que constituem um texto porque são coerentes e por isso têm o que se chama de textualidade. São, portanto, textos sem coesão, mas coerentes, como os dos exemplos (4), (7), (13), (14), (15) e (16). Assim, por exemplo, no texto (4), o leitor não conta com nada além dos itens lexicais e a ordem em que eles foram apresentados para compreender o texto e dar-lhe um sentido, estabelecendo sua coerência. Em (13) e (14), só se tem a lista de nomes e o conjunto de manchetes, pois nem mesmo a ordem importa nestes dois casos. Em (15), também só há a lista de palavras e em (16), sem o conhecimento de mundo e da relação entre os interlocutores, seria impossível estabelecer a relação entre os três enunciados enquanto atos de fala. A possibilidade de estabelecer uma relação (normalmente semântica e/ou pragmática) entre os elementos da sequência, criando uma unidade, é que é fundamental para a coerência. Às vezes essa possibilidade fica na dependência de um único elemento do texto, como a última frase em (14), o cabeçalho em (13) e o título em (4), (15) e (31) a seguir, no qual, tirando o título (que indica o tópico discursivo, aquilo de que se fala), o leitor não pode determinar de que se está falando.

(31) **Petróleo**

É utilizado no transporte, na produção de energia e nos mais diferentes tipos de indústria, através de seus numerosos subprodutos, sendo, por isso fundamental à vida moderna. Embora a produção brasileira seja insuficiente para o consumo interno, o país tem envidado esforços para, dentro em breve, não depender mais de sua importação.

Como a *coesão não é suficiente,* há sequências linguísticas coesas, para as quais o receptor não pode ou dificilmente consegue estabelecer um sentido global que as faça coerentes. Estão neste caso textos como o do exemplo (8), onde, apesar da coesão entre as frases, não se pode estabelecer um continuidade/unidade de sentido, e o do exemplo (20), onde o diálogo das duas mulheres não faz qualquer sentido para o leitor totalmente alheio à situação em que a conversa se insere, desconhecedor de uma série de informações por elas compartilhadas e que dão sentido às expressões gerais e pouco precisas usadas pelas mesmas. É por tudo isso que, ao explicarmos o que é coerência textual, ou ao tentarmos determiná-la em um texto, não é suficiente apontar as relações que devem existir ou existem entre os elementos que representam superficialmente o texto, mas é necessário considerar o processo total, desde a intenção comunicativa do produtor (falante/escritor) do texto até as estruturas linguísticas em que se manifesta finalmente esta intenção (cf. Bernárdez, 1982).

Já vimos que o mau uso dos elementos linguísticos de coesão pode provocar incoerências locais pela violação de sua especificidade de uso e função. É o caso, no exemplo (1), da aproximação de formas verbais incompatíveis; no exemplo (2), do uso de um conector que marca oposição, quando cabia um conector agregador de justificativa; no exemplo (24), do mau uso de alguns itens lexicais, formas verbais e do conector *onde* (indicador de lugar, num ponto da sequência em que esta relação não cabia). No exemplo (28), temos mau uso do pronome anafórico *ela* (28b) e dos conectores (28d). Às vezes também ocorre um tipo de incoerência porque o não uso de elementos necessários para calculá-la de forma mais direta causa um estranhamento da sequência pelo receptor. Isto ocorreria, por exemplo, se alguém contasse um caso sem introduzir e explicar seus personagens, supondo que fossem conhecidos dos receptores.

Como se pode notar, a separação entre coesão e coerência não é tão nítida quanto às vezes se pensa e sugere. Na verdade, a coesão tem relação com a coerência na medida em que é um dos fatores que permite calculá-la e, embora do ponto de vista analítico seja interessante separá-las, distingui-las, cumpre não esquecer que são duas faces do mesmo fenômeno.

3. COERÊNCIA, TEXTO E LINGUÍSTICA DO TEXTO

COERÊNCIA E TEXTO

Quando focalizamos a relação entre coerência e texto alguns pontos se mostram relevantes e quase sempre se tornam objeto de questionamento pelo interessado no fenômeno da coerência: a) Qual a contribuição da coerência para a constituição e existência de um texto? b) Há sequências linguísticas que não constituem um texto, isto é, que são incoerentes? Ou seja, existe o não texto? c) A coerência é uma característica do texto? d) Há diferentes tipos de textos? Nesta seção, buscamos responder essas questões.

No que se refere à *primeira questão,* já ficou dito, sobretudo no capítulo 2 (p. 47), que é a coerência que faz com que uma sequência linguística qualquer seja vista como um texto, porque é a coerência, através de vários fatores, que permite estabelecer relações (sintático-gramaticais, semânticas e pragmáticas) entre os elementos da sequência (morfemas, palavras, expressões, frases, parágrafos, capítulos, etc.), permitindo construí-la e percebê-la, na recepção, como constituindo uma unidade significativa global. Portanto, é a coerência que dá textura ou *textualidade* à sequência linguística, entendendo-se por *textura* ou textualidade aquilo que converte uma sequência linguística em texto. Assim sendo, podemos dizer que a coerência dá origem à textualidade, o que responde a primeira questão.

Como vimos no capítulo 2, a coesão é apenas um dos fatores de coerência, que contribui para a constituição do texto enquanto tal, representando fatos da face linguística da coerência, mas não sendo nem necessária, nem suficiente para converter uma sequência linguística em texto. Vimos haver sequências sem coesão, mas com coerência que lhes dá textualidade (v. exemplos (4), (7), (13), (14), (15) e (16)) e sequências com coesão mas sem coerência (v. exemplos (8) e (20)). Portanto, a coesão não dá textualidade, como se pensava no início dos estudos sobre o texto. Hoje sabemos que é a coerência que faz isso.

A resposta à primeira questão e questionamentos feitos nos primeiros capítulos tornam inevitável a *segunda questão:* existe o não texto? Existem sequências linguísticas incoerentes? Esta não é um questão que se responda com um simples sim ou não.

Há opiniões a favor do sim e do não. Para Beaugrande e Dressler (1981), para quem a coerência é definida em função da continuidade de sentidos (v. cap. 2, item "O que é coerência"), há sequências linguísticas incoerentes, que seriam aquelas em que o receptor não consegue descobrir qualquer continuidade de sentido, seja pela discrepância entre os conhecimentos ativados, seja pela inadequação entre esses conhecimentos e o seu universo cognitivo. Na mesma linha Marcuschi (1983) e mesmo Fávero e Koch (1985) falam na existência de textos incoerentes.

Já Charolles (1987) afirma que as sequências de frases não são coerentes ou incoerentes em si. Por quê? Porque, como "não há regras de boa formação de textos (como as há para as frases) que se apliquem a todas as circunstâncias e cuja violação, como na sintaxe das frases, 'fizesse unanimidade', isto é, levasse todos ao mesmo veredito: é um texto ou não é um texto", tudo vai depender muito dos usuários do texto (o produtor e principalmente o receptor) e da situação. Dessa forma, para Charolles não há o texto incoerente em si. Todavia, Charolles admite o tipo de incoerência que já referimos com o nome de incoerência local e que pode resultar do uso inadequado de elementos linguísticos, violando seu valor e função, como visto nos exemplos (1), (2),(3), (24), (25), (26) e (28b, d). Charolles também comenta o fato de muitas vezes se considerar como incoerentes sequências nas quais não há nenhuma marca de relação entre os enunciados e nas quais a relação entre os conteúdos dos enunciados não é aparente. Estariam neste caso sequências como a do exemplo (30) e como a de (32b) a seguir.

(32) a) Júlia tem muitas bonecas./Ela gosta mais das de pano.
b) Júlia está com dor de dente./Dois e dois são quatro.

Charolles acha, que neste caso, em teoria, tais sequências jamais podem ser ditas inaceitáveis por incoerência, porque é sempre possível pensar (ao menos em abstrato) uma situação na qual elas são interpretáveis como exprimindo uma relação plausível entre o conteúdo dos enunciados. Assim, por exemplo, em (30), a fala de B, sem qualquer relação com a fala de A, pode ser vista pragmaticamente como uma recusa por qualquer razão, excluída naturalmente a hipótese de que B, não tendo ouvido a pergunta, disse algo que desejava contar a A. Em (32a) não há qualquer dificuldade para relacionar os dois enunciados. O mesmo não acontece em (32b), mas mesmo aqui se pode estabelecer entre eles uma relação plausível. Imagine-se a seguinte situação: o produtor de (32b) é dentista e é irmão de Júlia, que é uma menina. O produtor de (32b) – um dentista – conhece bem a situação dos dentes de Júlia (eles estão com várias cáries) num dado momento. Certo domingo, Júlia está chupando muito sorvete e picolé. O irmão dentista avisa que ela vai ter dor de dentes, mas ninguém se preocupa em fazer a menina parar. À tarde, a menina começa a chorar e reclamar que está com dor de dentes, então o irmão diz (32b), significando que Júlia estar com dor de dentes era algo tão certo e esperado quanto dois mais dois ser quatro. Bernárdez (1982), ao falar do processo de criação de um texto coerente, propõe que ele se dá em três fases e que, em cada uma delas, podem ocorrer falhas causadoras de incoerência em determinados casos.

a) na primeira fase, o produtor do texto tem uma intenção comunicativa. Se ele tiver uma intenção comunicativa impossível para a situação, o texto será incoerente; mas esse tipo de incoerência dificilmente acontecerá. Para Bernárdez, quase só pessoas com problemas psíquicos ou neurológicos incorreriam neste tipo de falha. Suponha um empregado que desse uma ordem taxativa ao patrão. Este pensaria haver um engano ou algum problema com o empregado, a não ser que houvesse algo na situação que "autorizasse" essa ocorrência. Isto pode ser visto como algo incoerente, mas, dependendo da situação, muitos sentidos poderiam ser atribuídos à ordem do empregado: humor, sinal de que o empregado não aceita mais a relação hierárquica patrão/empregado ou ainda que o patrão lhe está submetido por alguma razão;

b) na segunda fase, o produtor do texto desenvolve um plano global que lhe possibilite conseguir que seu texto cumpra sua intenção comunicativa, ou seja, tenha êxito face a todos os fatores envolvidos. Se o produtor projetar mal o seu plano, ocorre falha e incoerência. Seja o caso em que se pede a alguém que compare dois fatos, fenômenos, livros, pessoas, etc. O produtor do texto pode caracterizar só um dos elementos em comparação ou caracterizar ambos, mas não estabelecer o paralelo entre as características dos dois. Neste caso, o texto pode até ser coeso, compreensível, mas seria incoerente com a intenção comunicativa que devia realizar;

c) na terceira fase, o produtor do texto realiza as operações necessárias para expressar verbalmente o plano global, de maneira que, através das estruturas superficiais, o recebedor seja capaz de reconstituir ou identificar a intenção comunicativa. As falhas dessa fase afetam diretamente a formulação linguística, de modo que o texto teria incoerências do tipo a que já referimos ao falar de coerência local, sendo um texto sem coesão ou com problemas de coesão e/ou "gramaticalmente incorreto" (aqui não no sentido normativo).

Ora, como se pode ver, mesmo os que admitem a existência de textos incoerentes ou de determinadas incoerências locais não colocam a incoerência apenas na sequência linguística, mas fazem-na depender dos usuários e da situação (cf. o que Beaugrande e Dressler disseram ser um texto incoerente: aquele em que o *receptor* não consegue descobrir qualquer continuidade de sentido).

Além disso, vimos que mesmo fatores normalmente definidores da coerência podem ser violados sem, necessariamente, criar incoerência, dependendo da situação, dos usuários (produtor, receptor) do texto, da intenção comunicativa, de normas sociais, etc. Assim, no texto do exemplo (18), a descontinuidade é até uma condição para a existência do texto como texto de humor, um tipo de comunicação onde valem regras diversas das que regem os textos não humorísticos. No texto de (19), as digressões aparecem como algo que não perturba a coerência do texto. Mesmo a dificuldade de estabelecer relações entre os elementos da sequência (cf. exemplos (30) e (32b)) ou falhas no plano da sua coesão (cf. exemplos (1), (2), (3), (24), (25), (26) e (28b, d) não são o bastante para qualificá-la de incoerente em si.

Na verdade, o que ocorre é que os que interagem numa situação comunicativa sempre se tomam como mutuamente cooperativos, isto é, como querendo consumar uma intenção comunicativa, por isso o receptor (interpretador) fará todo o possível para estabelecer um sentido para a sequência que recebe, por mais absurda, incoerente, sem sentido que ela possa parecer: ele irá construir as relações que não figuram explicitamente no texto, usando para isso todos os recursos à sua disposição (v. capítulo 4); buscará um contexto, uma situação em que a sequência dada como incoerente faça sentido e se torne coerente, constituindo um texto. Como diz Charolles, mesmo o texto absurdo tira daí o seu sentido: o receptor pode entender que o produtor fez o texto incoerente com um propósito e considera que a não coerência é que lhe dá sentido. Este pode ser, justamente, que algo não faz sentido em nossas vidas, é absurdo, sem solução, inaceitável, etc.

O povo, em sua sabedoria, muitas vezes evidencia fatos como esse, exteriorizando conhecimento do funcionamento comunicativo dos textos, quando constrói textos como o de (33), onde a violação de vários fatores de coerência se faz com objetivo evidente de troça. Os falantes e ouvintes sabem que o texto é incoerente e fazem disso o seu sentido. Na interlocução diária esse conhecimento se manifesta no fato de que qualquer incoerência é quase que infalivelmente seguida de alguma forma de tentativa ou pedido de esclarecimento e/ou "correção".

(33) Era meia-noite. O Sol brilhava. Pássaros cantavam pulando de galho em galho. O homem cego, sentado à mesa de roupão, esperava que lhe servissem o desjejum. Enquanto esperava, passava a mão na faca sobre a mesa como se a acariciasse tendo ideias, enquanto olhava fixamente a esposa sentada à sua frente. Esta, que lia o jornal, absorta em seus pensamentos, de repente começou a chorar, pois o telegrama lhe trazia a notícia de que o irmão se enforcara num pé de alface. O cego, pelado com a mão no bolso, buscava consolá-la e calado dizia: a Terra é uma bola quadrada que gira parada em torno do Sol. Ela se queixa de que ele ficou impassível, porque não é o irmão dele que vai receber as honrarias. Ele se agasta, olha-a com desdém, agarra a faca, passa manteiga na torrada e lhe oferece, num gesto de amor.

(Este texto reproduz aproximadamente versão ouvida junto a crianças de Araguari – MG)

Tudo isto ratifica a conceituação da coerência como um princípio de interpretabilidade e nos leva à posição de que *não existe o texto incoerente em si, mas que o texto pode ser incoerente em/para determinada situação comunicativa.* Assim, ao dizer que um texto é incoerente, temos que especificar as condições de incoerência.

O texto será incoerente se seu produtor não souber adequá-lo à situação, levando em conta intenção comunicativa, objetivos, destinatário, regras socioculturais, outros elementos da situação, uso dos recursos linguísticos, etc. Caso contrário, será coerente.

É evidente que a capacidade de cálculo do sentido pelo receptor é fundamental. Pode acontecer que, mesmo o texto sendo bem estruturado, com todas as pistas necessárias ao cálculo do seu sentido, um receptor pode, individualmente, não ser capaz de determinar-lhe o sentido por limitações próprias (não domínio do léxico e/ou estruturas, desconhecimento do assunto, etc.). Neste caso, não dirá, sobretudo considerando o produtor, que o texto é incoerente, provavelmente seu comentário será: "Não consegui entender este texto".

Finalmente, é preciso registrar uma possibilidade teórica. Como vimos, o mau uso de elementos linguísticos e estruturais cria incoerências no nível local. Se o produtor de um texto violar em alto grau o uso desses elementos, o receptor não conseguirá estabelecer o seu sentido e teríamos um texto incoerente em si, por termos um mau uso extremo do código linguístico. Excetuando casos patológicos em que não teríamos uma situação normal, colocamos esta possibilidade como apenas teórica por duas razões: a) como produtor e recebedor são cooperativos, um produtor só faria um texto assim com um propósito, o que é suficiente para torná-lo coerente; b) devido à competência linguística dos usuários da língua é improvável o aparecimento real de um texto com tal nível de violação no uso dos elementos linguísticos.

Quanto à *terceira questão,* ela já está respondida em tudo que se disse. Como vimos, o produtor do texto, em função de sua intenção comunicativa, levando em conta todos os fatores da situação e usando seu conhecimento linguístico, de mundo etc., constrói o texto, cuja superfície linguística é constituída de pistas que permitem ao receptor calcular o (um) sentido do texto, estabelecendo sua coerência, através da consideração dos mesmos fatores que o produtor e usando os mesmos recursos (conhecimento linguístico, de mundo, etc.). Portanto, nessa atividade, (cf. Garrafa, 1987) está envolvida a manipulação de elementos linguísticos por operações argumentativas (ligadas à intencionalidade: v. p. 97) e processos cognitivos realizados entre os usuários do texto, de modo que podemos afirmar que a *coerência* não é nem característica do texto, nem dos usuários do mesmo, mas *está no processo que coloca texto e usuários em relação numa situação comunicativa.*

Vejamos agora alguns fatos relativos à *quarta questão:* há diferentes tipos de coerência para diferentes tipos de texto?

Nossa hipótese é que não se pode falar em diferentes tipos de coerência já que a entendemos como um princípio de interpretabilidade, como a possibilidade de estabelecer um sentido para uma sequência linguística. Todavia, tendo em vista: a) que a coesão é uma manifestação da coerência na superfície textual; b) que os elementos linguísticos da superfície do texto (coesivos ou não) funcionam como pistas que o produtor do texto escolheu em função de sua intenção comunicativa e do(s) sentido(s) que desejava que o receptor do texto fosse capaz de recuperar, – pode-se esperar que diferentes tipos de textos apresentem diferentes modos, meios e processos de manifestação da coerência na superfície linguística. Ou seja, diferentes tipos de texto podem diferir quanto ao número e/ou quanto ao tipo de pistas da superfície linguística que apresentam ao receptor do texto para que ele possa estabelecer o sentido desse texto. Sendo assim, diferentes tipos de texto, com diferentes graus de coesão e diferentes elementos coesivos e outros tipos de pistas da superfície linguística, exigiriam mecanismos de compreensão diversos para estabelecer a coerência. Essa hipótese tem de ser verificada através de estudos empíricos, mas podemos adiantar algumas observações feitas em diferentes tipos de textos.

Sabemos que diferentes tipos de textos têm diferentes esquemas estruturais que, na Linguística Textual, recebem o nome de superestruturas (v. p. 70 e 92). Textos narrativos têm estrutura diversa de textos descritivos e dissertativos. Textos líricos são bem diferentes de textos de ficção e dramáticos. Textos poéticos são diferentes dos em prosa. Além disso, subtipos também diferem: entre os narrativos, por exemplo, romances, contos, crônicas, fábulas, epopeias têm características próprias. O conhecimento ou não, a utilização ou não das características de superestrutura de cada tipo pode auxiliar ou dificultar o estabelecimento da coerência.

Textos narrativos, por exemplo, usarão sempre recursos linguísticos de ordenação temporal que não aparecem em textos descritivos.

Compare, por exemplo, o texto do exemplo (4) com o seu equivalente em conteúdo do exemplo (5). É evidente que o número de elementos coesivos é drasticamente maior em (5), já que (4) não os contém. Tanto em (4) como em (5) e em (7) – um conto – a ordenação temporal dos fatos é importante, já que são narrativas. Em (4), que não conta com os recursos coesivos da ordenação temporal que aparecem em (5), a ordem dos termos é fundamental, porque se torna o único recurso da ordenação temporal característica da narrativa. Já em um texto como o poema "Infância" de Drummond (exemplo 34),basicamente descritivo, a ordem não tem importância em função de ordenação temporal e os enunciados, que dão fatos constitutivos de sua infância, poderiam aparecer em outra ordem sem a necessidade de recursos coesivos que permitissem recuperar sua ordem no tempo: eles são simultâneos.

(34) Infância

Carlos Drummond de Andrade

Meu pai montava a cavalo, ia para o campo.
Minha mãe ficava sentada cosendo.
Meu irmão pequeno dormia.
Eu sozinho menino entre mangueiras
lia a história de Robinson Crusoé,
comprida história que não acaba mais.

No meio-dia branco de luz uma voz que aprendeu
a ninar nos longes da senzala – e nunca se esqueceu
chama para o café.
Café preto que nem a preta velha
café gostoso,
café bom.

Minha mãe ficava sentada cosendo,
olhando para mim:
– Psiu... não acorde o menino,
para o berço onde pousou um mosquito.
E dava um suspiro... que fundo!

Lá longe meu pai campeava
no mato sem fim da fazenda.

E eu não sabia que minha história
era mais bonita que a de Robinson Crusoé.

(Do livro *Alguma* Poesia)

Nos textos poéticos do gênero lírico, os mecanismos que fazem a coesão. sequêncial por progressão através de encadeamentos (sobretudo por conexão), são bem menos usados que os mecanismos por progressão através de manutenção temática e os de sequenciação por recorrência, alguns dos quais têm alta frequência, como a recorrência de termos, estruturas e recursos fonológicos (rima, ritmo, aliteração, eco, etc.). Ainda no mesmo tipo de texto parece que, entre os mecanismos de coesão referencial, os por reiteração são mais frequentes que os de substituição. Isto parece ser confirmado pela observação dos textos de (34) e (35), (36), (37) que se seguem:

(35) **Trem de Ferro**
Manuel Bandeira

Café com pão
Café com pão
Café com pão

Virge Maria que foi isso maquinista?

Agora sim
Café com pão
Agora sim
Voa, fumaça
Corre, cerca
Ai seu foguista
Bota fogo
Na fornalha
Que eu preciso
Muita força
Muita força
Muita força

Oô...
Foge, bicho
Foge, povo
Passa ponte

Passa poste
Passa pasto
Passa boi
Passa boiada
Passa galho
De ingazeira
Debruçada
No riacho
Que vontade
De cantar!

Oô...
Quando me prendero
No canaviá
Cada pé de cana
Era um oficiá
Oô...
Menina bonita
Do vestido verde
Me dá tua boca
Pra matá minha sede
Oô...
Vou mimbora vou mimbora
Não gosto daqui
Nasci no sertão
Sou de Ouricuri
Oô...

Vou depressa
Vou correndo
Vou na toda
Que só levo
Pouca gente

Pouca gente
Pouca gente...

(Do livro *Estrela da Manhã)*

(36) **Pássaro em Vertical**

Libério Neves

Cantava o pássaro e voava
cantava para lá
voava para cá
voava o pássaro e cantava
de
repente
um
tiro
seco
penas fofas
leves plumas
mole espuma

e um risco
surdo
n
o
r
t
e
—
s
u
l

(Do livro *Pedra Solidão)*

Observe-se que em (35) e (36) não há coesão sequencial por conexão e em (34) ela é mínima: duas intraenunciado ("história que não acaba" e "voz que aprendeu") e três interenunciados feitos pela conjunção *e*. Em (34), ainda se nota a presença forte da coesão sequencial por progressão com manutenção temática: são usados termos dos campos lexicais de "família", campo/fazenda e, em correlação com ele, o de "escravidão" (senzala, preta velha). O mesmo ocorre em relação a (36) com o campo lexical ligado a pássaro (pássaro, voava, cantava, penas, plumas) e em (35) com o campo lexical de "Trem de Ferro". Quanto à coesão sequêncial por recorrência, ela aparece fortemente nos três poemas, através da recorrência de termos e de estruturas, que não elencamos aqui, porque o leitor poderá constatá-los com uma simples leitura dos poemas. A recorrência de recursos fonológicos também aparece:

a) em (35), a repetição do ritmo binário nas primeiras estrofes, sugerindo velocidade; e de ritmo ternário nos versos em que o trem vai mais lento, o que é ratificado pela extensão métrica dos versos (3 sílabas nos trechos de maior velocidade e 4 ou 5 nos de menor velocidade);
b) a rima aparece mais em (35) e (36) e pouco em (34);
c) a repetição de sons (aliteração, eco, rima ou outro modo) para sugerir sons do trem em movimento no poema de (35):
  — as sequências de "Café com pão" e "Muita força", imitando o barulho do esforço mecânico do veículo em sua impulsão pelo vapor;
  — a sequência de sons [i] na segunda estrofe, dando o som do apito fino que assusta o passageiro;
  — a aliteração de [p] no trecho de "Passa ponte" a "Passa galho" bem como o eco da sílaba "ssa" no mesmo trecho,

lembrando respectivamente o barulho das rodas na emenda dos trilhos e o deslizar das rodas.

Quanto à coesão referencial, não aparece a substituição. No poema de (34) aparece a pró-forma pronominal representada pelo pronome possessivo (meu, minha), todavia ela não substitui algo do texto, mas faz uma referência exofórica (a algo fora do texto) à pessoa do poeta, o mesmo acontecendo com o "me" em (35). A reiteração aparece mais nos poemas líricos, embora em nossos três exemplos ela quase não ocorra: em (34), "irmão", no segundo verso, é retomado por "menino" no verso quinze; e "história", no penúltimo, por "a". Em (36), "penas" reaparece no sinônimo "plumas".

Além desses recursos, podemos observar em (36) uma forma de utilização dos recursos linguísticos normalmente só usada nos poemas (às vezes também em cartazes de propaganda) para veicular significação: a disposição espacial das palavras, letras, frases. Em (36), o voejar do pássaro é sugerido pela disposição dos versos dois e três; a posição inclinada da arma que atira no pássaro é sugerida pela posição das palavras do verso cinco (de repente um tiro seco) e a queda vertical do pássaro morto pela disposição vertical das letras de "norte-sul".

Evidentemente, tais recursos põem em ação mecanismos de compreensão diferentes daqueles acionados, por exemplo, por textos dissertativos acadêmicos ou de propaganda (cf. exemplo 17), em que recorrências fonológicas e estruturais têm pouca possibilidade de ocorrer, mas em que a coesão referencial por substituição e a sequencial por encadeamento através de conexão têm uma presença e uma importância fundamentais.

É interessante lembrar aqui que os estudos da coerência e coesão nos textos orais têm demonstrado que nestes, em comparação com os textos escritos, os usuários utilizam recursos diferenciados na superfície linguística, de modo que sua coerência tem de se estabelecer e ser julgada por mecanismos e critérios diversos dos utilizados para o texto escrito, sob pena de incorrermos em falhas de julgamento.

Estes exemplos evidenciam que a hipótese que propomos como resposta à quarta questão é plausível, mas ela precisa ainda ser comprovada por uma longa pesquisa empírica que permita estabelecer, pelo menos, as regularidades básicas dessa relação entre gêneros e tipos de pistas da superfície linguística (entre elas os elementos de coesão) e sua frequência em cada um deles.

COERÊNCIA E LINGUÍSTICA DO TEXTO

Quando a Linguística começou a tomar o texto como unidade de estudo, os estudiosos, acreditando na existência de textos (sequências linguísticas coerentes em si) e não textos (sequências linguísticas incoerentes em si), propuseram a formulação de uma *Gramática do Texto.* Essa gramática seria semelhante à gramática de frases proposta por Chomsky: um sistema finito de regras comum a todos os usuários da língua e que lhes permitiria dizer, de forma coincidente, se uma sequência linguística é ou não um texto, é ou não um texto bem formado.

Com a evolução dos estudos percebeu-se, como já salientamos até aqui, que não existe a sequência linguística incoerente em si e, portanto, não existe o não texto. Se todos os textos são em princípio aceitáveis, não é possível uma gramática com regras que distinguem entre textos e não textos. Por isso, passou-se à construção de uma *Teoria do Texto* ou *Linguistica do Texto,* que é constituída de princípios e/ou modelos cujo objetivo não é predizer a boa ou má formação dos textos, mas permitir representar os processos e mecanismos de tratamento dos dados textuais que os usuários põem em ação quando buscam interpretar uma sequência linguística, estabelecendo o seu sentido e, portanto, calculando sua coerência.

Tais processos e mecanismos, em sua atuação, sofrem restrições que obedecem a determinações psicológicas e cognitivas, socioculturais, pragmáticas e linguísticas. Por isso, o estudo da produção, compreensão e coerência textuais tornou-se um campo inter e pluridisciplinar, recebendo contribuições da Psicologia, da Sociologia, da Filosofia, da Teoria da Computação e Informática (estudos de Inteligência Artificial), além da Linguística em geral e de alguns de seus ramos em particular (Sociolinguística, Psicolinguística). Cada uma dessas disciplinas fornece elementos indispensáveis a uma compreensão global da interação comunicativa feita através de textos linguísticos. Neste ponto, cumpre perguntar o que cabe à Linguística fazer no estudo da produção, compreensão e coerência textuais.

Charolles (1987) busca responder a esta pergunta. Para ele, cabe aos linguistas "delimitar, na constituição e composição textuais, qual é a parte e a natureza das determinações (que referimos no parágrafo anterior) que resultam dos diferentes meios que existem nas diferentes línguas, para exprimir a continuidade ou a sequência do discurso". O linguista deve, assim, fazer "a análise das marcas de relação entre as unidades de composição textual que a língua usa para resolver, o melhor possível, os problemas de interpretação que seu uso possa gerar. Isto para além da generalidade dos processos psico e sociocognitivos que intervêm na interpretação (da coerência) do discurso".

4. FATORES DE COERÊNCIA

De tudo o que foi dito até aqui, fica evidente que a construção da coerência decorre de uma multiplicidade de fatores das mais diversas ordens: linguísticos, discursivos, cognitivos, culturais e interacionais.

Este capítulo será dedicado ao exame dos principais desses fatores.

ELEMENTOS LINGUÍSTICOS

Embora não seja possível apreender o sentido de um texto com base apenas nas palavras que o compõem e na sua estruturação sintática, é indiscutível a importância dos elementos linguísticos do texto para o estabelecimento da coerência. Como vimos anteriormente, esses elementos servem como pistas para a ativação dos conhecimentos armazenados na memória, constituem o ponto de partida para a elaboração de inferências, ajudam a captar a orientação argumentativa dos enunciados que compõem o texto, etc. A ordem de apresentação desses elementos, o modo como se inter-relacionam para veicular sentidos, as marcas usadas para esse fim, as "famílias" de significado a que as palavras pertencem, os recursos que permitem retomar coisas já ditas e/ou apontar para elementos que serão apresentados posteriormente, enfim, todo o contexto linguística – ou *cotexto* – vai contribuir de maneira ativa na construção da coerência.

CONHECIMENTO DE MUNDO

O nosso conhecimento de mundo desempenha um papel decisivo no estabelecimento da coerência: se o texto falar de coisas que absolutamente não conhecemos, será difícil calcularmos o seu sentido e ele nos parecerá destituído de coerência. É o que aconteceria a muitos de nós se nos defrontássemos com um tratado de física quântica!

Adquirimos esse conhecimento à medida que vivemos, tomando contato com o mundo que nos cerca e experienciando uma série de fatos. Mas ele não é arquivado na memória de maneira caótica: vamos armazenando os conhecimentos em *blocos,* que se denominam *modelos cognitivos.* Existem diversos tipos de modelos cognitivos, entre os quais podemos citar:

a) os *frames* – conjuntos de conhecimentos armazenados na memória sob um certo "rótulo", sem que haja qualquer ordenação entre eles; ex: *Carnaval* (confete, serpentina, desfile, escola de samba, fantasia, baile, mulatas, etc.), *Natal, viagem de turismo;*

b) os *esquemas* – conjuntos de conhecimentos armazenados em sequência temporal ou causal; ex.: como pôr um aparelho em funcionamento, um dia na vida de um cidadão comum;

c) os *planos* – conjunto de conhecimentos sobre como agir para atingir determinado objetivo; por exemplo, como vencer uma partida de xadrez;

d) os *scripts* – conjuntos de conhecimentos sobre modos de agir altamente estereotipados em dada cultura, inclusive em termos de linguagem; por exemplo, os rituais religiosos (batismo, casamento, missa), as fórmulas de cortesia, as praxes jurídicas;

e) as *superestruturas* ou *esquemas textuais* – conjunto de conhecimentos sobre os diversos tipos de textos, que vão sendo adquiridos à proporção que temos contato com esses tipos e fazemos comparações entre eles*. Observemos com atenção o texto de Ricardo Ramos, transcrito parcialmente em (37):

(37) **Circuito Fechado**
Ricardo Ramos
1

Chinelos, vaso, descarga. Pia, sabonete. Água. Escova, creme dental, água, espuma, creme de barbear, pincel, espuma, gilete, água, cortina, sabonete, água fria, água quente, toalha. Creme para cabelo, pente. Cueca, camisa, abotoaduras, calça, meias, sapatos, gravata, paletó. Carteira, níqueis, documentos, caneta, chaves, lenço, relógio, maço de cigarros, caixa de fósforo. Jornal. Mesa, cadeiras, xícara e pires, prato, bule, talheres, guardanapo. Quadros. Pasta, carro. Cigarro, fósforo. Mesa e poltrona, cadeira, cinzeiro, papéis, telefone, agenda, copo com lápis, canetas, bloco de notas, espátula, pastas, caixas de entrada, de saída, vaso com plantas, quadros, papéis, cigarro, fósforo. Bandeja, xícara pequena. Cigarro e fósforo. Papéis, telefone, relatórios, cartas, notas, vales, cheques. (...)

2
Dentes, cabelos, um pouco do ouvido esquerdo e da visão. A memória intermediária, não a de muito longe nem a

---

* Nem todos os autores estabelecem diferenças entre vários tipos de modelos cognitivos. Há os que elegem apenas um dos termos (*frame*, *script*, cenário, esquema, etc.) e os que os utilizam de forma intercambiável.

de ontem. Parentes, amigos, por morte, distância, desvio. Livros, de empréstimo, esquecimento e mudança. Mulheres também, como os seus temas. Móveis, imóveis, roupas, terrenos, relógios, paisagens, os bens da infância, do caminho, do entendimento. Flores e frutos, a cada ano, chegando e se despedindo, quem sabe não virão mais, como o jasmim no muro, as romãs encarnadas, os pés de pau. Luzes, do candeeiro ao vaga-lume. Várias vezes, conversando, contando, chamando e seus ecos, sua música, seu registro. (...)

3

Muito prazer. Por favor, quer ver o meu saldo? Acho que sim. Que bom telefonar, foi ótimo, agora mesmo estava pensando em você. Puro, com gelo. Passe mais tarde, ainda não fiz, não está pronto. Amanhã eu ligo, e digo alguma coisa. Guarde o troco. Penso que sim. Este mês, não, fica para o outro. Desculpe, não me lembrei. Veja logo a conta, sim? É pena mas hoje não posso, tenho um jantar. Vinte litros, da comum. Acho que não. Nas próximas férias, vou até lá, de carro. Gosto mais assim, com azul. Bem, obrigado, e você? Feitas as contas, estava errado. Creio que não. Já, pode levar. Ontem aquele calor, hoje chovendo. (...)

4

Ter, haver. Uma sombra no chão, um seguro que se desvalorizou, uma gaiola de passarinhos. Uma cicatriz de operação na barriga e mais cinco invisíveis, que doem quando chove. Uma lâmpada de cabeceira, um cachorro vermelho, uma colcha e os seus retalhos. Um envelope com fotografias, não aquele álbum. Um canto de sala e o livro marcado. Um talento para as coisas avulsas, que não duram nem rendem. Uma janela sobre o quintal, depois a rua e os telhados, tudo sem horizonte. Um silêncio por dentro, que olha e lembra, quando se engarrafam o trânsito, os dias, as pessoas. Uma curva de estrada e uma árvore, um filho, uma filha, um choro no ouvido, um recorte que permanece, e todavia muda. Um armário com roupa e sapatos, que somente vestem e calçam, e nada mais. Uma dor de dente, uma gargalhada, felizmente breves. (...)

Fonte: *Os Melhores Contos Brasileiros de 1973*.
Porto Alegre: Editora Globo, 1974, p. 169-175.

Em 1, temos uma série de palavras justapostas, quase sem nenhum elemento de ligação e que nem mesmo chegam a formar frases completas. No entanto, percebemos claramente que se trata da descrição de um dia normal na vida de um homem de negócios. Isto acontece porque temos arquivado na memória o esquema relativo a essas situações. As palavras do texto vão ativar tal esquema, que será posto em funcionamento para permitir-nos a compreensão do texto. Assim, a sequência aparentemente caótica de palavras vai "fazer sentido" para qualquer um de nós e seremos levados a considerar o texto como coerente.

Em 3, temos outra sequência de termos, expressões e pequenas frases aparentemente desconexos. Podemos notar, porém, que são fórmulas prontas que pronunciamos ao longo de nossos dias e de nossas vidas, em situações bem determinadas, quase sempre da mesma maneira. Trata-se, portanto, de *scripts* que somos chamados a desempenhar na nossa vida em sociedade.

Como podemos verificar, os modelos cognitivos são culturalmente determinados e aprendidos através de nossa vivência em dada sociedade.

Além desse conhecimento adquirido pela experiência do dia a dia, existe o conhecimento dito científico, aprendido nos livros e nas escolas. Nem sempre os dois tipos de conhecimento coincidem, o que pode criar problemas de coerência se procurarmos interpretar um texto científico com base em nosso conhecimento comum (ou vice-versa). Por exemplo, cientificamente, o morcego é um mamífero. Para muitas pessoas, porém, ele é uma ave (visto que voa). Se tais pessoas se deparassem com uma sequência como (38), poderiam considerá-la incoerente:

(38) O morcego entrou pela janela e voejou sobre a sala. De repente, o mamífero enroscou-se nos cabelos da professora.

É o nosso conhecimento de mundo que nos faz considerar estranho o texto (33). Sabemos, por exemplo, que o sol não brilha à meia-noite; que não é possível alguém enforcar-se num pé de alface, etc. É também esse conhecimento que nos permite detectar uma série de contradições: a princípio é dito que o cego estava de roupão e, mais adiante, que estava pelado; que quem está despido não pode estar com a mão no bolso; que não se lê o jornal quando se está absorto em pensamento; que não se fala quando se está calado; que quem se enforca não recebe honrarias; que algo que gira não pode estar parado; que um objeto não pode ser redondo e quadrado ao mesmo tempo, etc.

É a partir dos conhecimentos que temos que vamos construir um modelo do mundo representado em cada texto – é o *universo (ou modelo) textual.* Tal mundo, é claro, nunca vai ser uma cópia fiel do mundo real, já que o produtor do texto recria o mundo sob uma dada ótica ou ponto de vista, dependendo de seus objetivos, crenças, convicções e propósitos, como iremos ver mais adiante. Mas, para que possamos estabelecer a coerência de um texto, é preciso que haja correspondência ao menos parcial entre os conhecimentos nele ativados e o nosso conhecimento de mundo, pois, caso contrário, não teremos condições de construir o *universo textual*, dentro do qual as palavras e expressões do texto ganham sentido.

CONHECIMENTO COMPARTILHADO

Como cada um de nós vai armazenando os conhecimentos na memória a partir de suas experiências pessoais, é impossível que duas pessoas partilhem exatamente o mesmo conhecimento de mundo. É preciso, no entanto, que produtor e receptor de um texto possuam, ao menos, uma boa parcela de conhecimentos comuns. Quanto maior for essa parcela, menor será a necessidade de explicitude do texto, pois o receptor será capaz de suprir as lacunas, por exemplo, através de inferências, como veremos no próximo item.

Os elementos textuais que remetem ao conhecimento partilhado entre os interlocutores constituem a informação "velha" ou *dada,* ao passo que tudo aquilo que for introduzido a partir dela constituirá a informação *nova* trazida pelo texto.

Para que um texto seja coerente, é preciso haver um equilíbrio entre informação dada e informação nova. Se um texto contivesse apenas informação nova, seria ininteligível, pois faltariam ao receptor as bases ("âncoras") a partir das quais ele poderia proceder ao processamento cognitivo do texto. De outro lado, se o texto contivesse somente informação dada, ele seria altamente redundante, isto é, "caminharia em círculos", sem preencher seu propósito comunicativo.

Consideram-se entidades conhecidas ou dadas aquelas que: a) constituem o cotexto, isto é, que são recuperáveis a partir do próprio texto (exemplo (39)); b) aquelas que fazem parte do contexto situacional, isto é, da situação em que se realiza o ato de comunicação (exemplo (40)); c) aquelas que são de conhecimento geral em dada cultura (exemplo (41)); d) as que remetem ao conhecimento comum do produtor e do receptor (exemplo (42)).

(39) Ontem estive com o marido de sua irmã. *Ele* me contou que você, e *ela* vão viajar para o exterior.

(40) Pegue *essa xícara vermelha* e coloque-a ali.

(41) Em 15 de novembro, será eleito *o novo presidente.*

(42) Hoje é dia de pagar o *carnê.*

Outras entidades podem ser inferidas a partir de elementos expressos no texto que ativam determinados *frames* arquivados em nossa memória. Por exemplo:

(43) O visitante acendeu um cigarro e pôs-se a falar nervosamente; a *fumaça* irritava-me os olhos, mas tentei ouvi-lo com paciência.

Qualquer receptor é capaz de perceber que a fumaça de que se fala é produzida pelo cigarro, já que todos sabem que um cigarro aceso produz fumaça. O mesmo ocorre em (44):

(44) O professor entrou na sala, olhou para os alunos e escreveu no *quadro* um aviso importante.

O quadro, aqui, é o quadro negro e a sala, uma sala de aula. Tal interpretação é sugerida pelos termos professor e alunos. É por esta razão que, de um modo geral, o contexto (linguístico e situacional) permite desfazer a ambiguidade de termos e expressões da língua.

A importância do conhecimento partilhado para o cálculo do sentido e, portanto, para a construção da coerência pode ser exemplificado, ainda, com o exemplo (9), discutido no capítulo 1.

INFERÊNCIAS

Inferência é a operação pela qual, utilizando seu conhecimento de mundo, o receptor (leitor/ouvinte) de um texto estabelece uma relação não explícita entre dois elementos (normalmente frases ou trechos) deste texto que ele busca compreender e interpretar ou, então, entre segmentos de texto e os conhecimentos necessários para a sua compreensão.

Quase todos os textos que lemos ou ouvimos exigem que façamos uma série de inferências para podermos compreendê-los integralmente. Se assim não fosse, nossos textos teriam de ser excessivamente longos para poderem explicitar tudo o que queremos comunicar. Na verdade não é assim: todo texto assemelha-se a um *iceberg* – o que fica à tona, isto é, o que é explicitado no texto, é apenas uma pequena parte daquilo que fica submerso, ou seja, implicitado. Compete, portanto, ao receptor ser capaz de atingir os diversos níveis de implícito, se quiser alcançar uma compreensão mais profunda do texto que ouve ou lê.

Vejamos alguns tipos de inferências:

(45) Paulo comprou um Kadett novinho em folha.

Inferências:
1. Paulo tem um carro.
2. Paulo tinha recursos para comprar o carro.

3. Paulo é rico.

4. Paulo é melhor companhia que você.

Podemos observar que nem todas essas inferências são necessárias: *3* é menos necessária que 1 e 2; *4* é a menos necessária e só será feita dependendo do contexto em que (45) for pronunciada.

Existem inferências que só podem ser feitas retroativamente, isto é, depois que se conhece a sequência do texto. Por exemplo:

(46) Chegando ao centro da cidade, o viajante dirigiu-se para um *banco*.
a) mas não conseguiu *descontar o cheque*.
b) e *sentou-se* para descansar da longa caminhada.

Quanto maior o grau de familiaridade ou intimidade entre os interlocutores, menor a quantidade de informações explícitas, especialmente no caso de diálogos. É o que podemos ver no diálogo entre as duas mulheres do texto (20), e em (47), semelhante a (16):

(47) a) A campainha!
b) Estou de camisola.
c) Tudo bem.

Não se pode dizer que, do ponto de vista estritamente linguístico, haja uma relação entre as três falas. No entanto, não temos nenhuma dificuldade em estabelecer as "pontes" que faltam. O texto assim "completado" seria:

a) A campainha está tocando, vá atender.
b) Não posso, estou de camisola.
c) Tudo bem, então eu atendo.

É comum, principalmente na conversação (mas muitas vezes também na escrita) omitirmos informações que podem ser facilmente inferidas. Vejamos mais um exemplo:

(48) a) As encomendas chegaram?
b) Os correios estão em greve.
c) Então é melhor adiar a inauguração da loja.

Por vezes, o receptor faz inferências imprevistas ou não desejadas pelo produtor. Seria, por exemplo, o caso da inferência 4 de (45), se a falante não tivesse tido a intenção de passar tal ideia. Por esta razão, vários autores têm-se preocupado em procurar meios de limitar as inferências àquelas que são necessárias e/ou relevantes para a interação, sem, contudo, terem chegado a resultados satisfatórios. Veja-se, por exemplo, o que aconteceu com a notícia de jornal citada em (21).

FATORES DE CONTEXTUALIZAÇÃO

Os fatores de contextualização são aqueles que "ancoram" o texto em uma situação comunicativa determinada. Segundo Marcuschi (1983), podem ser de dois tipos: os contextualizadores propriamente ditos e os perspectivos ou prospectivos. Entre os primeiros estão a data, o local, a assinatura, elementos gráficos, timbre etc., que ajudam a situar o texto e, portanto, a estabelecer-lhe a coerência.

Imagine-se uma carta escrita por um brasileiro de Campinas a um amigo de São Paulo que se encontrasse no exterior, em que o primeiro se esquecesse de colocar data, local e assinatura, e que dissesse o seguinte:

(49) Hoje o dia aqui está chuvoso. Nosso vizinho da esquina mudou-se para aquele palacete que comprou de meu avô. Não se esqueça de escrever logo para o nosso amigo de infância que mora na fazenda. Ele precisa daquela informação ainda esta semana.

Um abraço.

Sem os elementos contextualizadores, fica difícil decodificar a mensagem. Também em documentos, correspondência oficial e outros textos do gênero, o timbre, o carimbo, a data, a assinatura serão de extrema importância, servindo, inclusive, para dar fé ao texto.

Entre os fatores gráficos, temos: disposição na página, ilustrações, fotos, localização no jornal (caderno, página), que contribuem para a interpretação do texto. Recorde-se o exemplo (9), situado na parte de esportes de um jornal. Se estivesse no caderno de variedades ou no Suplemento Cultural, a interpretação, provavelmente, seria diferente.

Os fatores perspectivos ou prospectivos são aqueles que avançam expectativas sobre o conteúdo – e também a forma – do texto: título, autor, início do texto.

O título, de modo geral, permite prever "sobre o que" o texto fala. É claro que existem títulos despistadores, intencionalmente ou não. A publicidade e o humor costumam utilizar-se com frequência desse recurso. Vejamos os exemplos (50), em seguida, e (51), a seguir.

(50)

> SENHORA DA
> SOCIEDADE CRIA
> UM TARZÃ.
>
> Um pouco para o pálido,
> Ricardo era um menino
> que hoje em dia se aceita
> como normal. Ano passado,
> sua mãe comprou um terreno
> na Enseada Azul, às margens
> da represa de Jurumirim
> e financiou uma casa de
> campo pelo Banco Real.
> Agora, fim de semana é lá.
> Ricardo sobe em árvore,
> nada, esquia, veleja.
> Ganhou a cor que Deus
> quer que as pessoas tenham.
> Ficou forte, esperto.
> Um verdadeiro Tarzã.
> Há outros terrenos na
> Enseada Azul. Lindos,
> fáceis de comprar. Para você.
> Anote os telefones:
> 853-6777 e 853-6773
> Sigma 64 Administração e
> Comércio

Também o nome do autor permite fazer previsões sobre o texto, quer quanto à forma, quer quanto ao conteúdo. Muitas vezes, ele nos leva a ler ou a rejeitar o texto, conforme as nossas preferências quanto ao estilo e as nossas opiniões sobre o tema.

O início do texto traz informações sobre o tipo (por exemplo, Era uma vez...) ou sobre o próprio assunto. Também aqui, formulamos hipóteses sobre o conteúdo do texto que podem confirmar-se ou não. Não se confirmando, seremos obrigados a formular novas hipóteses, e assim sucessivamente. É por isso que se tem dito que a leitura (compreensão) de um texto é uma atividade de solução de problemas. Ao descobrirmos a solução final, teremos estabelecido a coerência do texto.

Como se vê, os fatores de contextualização desempenham um papel muito importante no estabelecimento da coerência.

(51)

> ## ATENÇÃO CLUBES!...
> ## CERVEJA EM LATA
>
> NÃO TEMOS E NÃO SABEMOS QUEM TEM. EM COMPENSAÇÃO TEMOS OS DELICIOSOS SUCOS E BATIDAS EMBALADOS EM COPOS PLÁSTICOS INDIVIDUAIS. SABORES DE LARANJA, MARACUJÁ, COCO, LIMÃO, TANGERINA, UVA E AMENDOIM. NÃO BRINCAREMOS O CARNAVAL, ESTAREMOS DE PLANTÃO 24 HORAS POR DIA PARA ATENDÊ-LOS EM QUALQUER LUGAR QUE FORMOS SOLICITADOS.
>
> ANOTE NOSSO TELEFONE: 445-1540

SITUACIONALIDADE

A situacionalidade, outro fator responsável pela coerência, pode ser vista atuando em duas direções: a) da situação para o texto; b) do texto para a situação.

a) *da situação para o texto* – neste caso, trata-se de determinar em que medida a situação comunicativa interfere na produção/ recepção do texto e, portanto, no estabelecimento da coerência. A situação deve ser aqui entendida quer em sentido estrito – a situação comunicativa propriamente dita, isto é, o contexto imediato da interação –, quer em sentido amplo, ou seja, o contexto sociopolítico-cultural em que a interação está inserida. Sabe-se que a situação comunicativa tem interferência direta na maneira como o texto é construído, sendo responsável, portanto, pelas variações linguísticas. É preciso, ao construir um texto, verificar o que é adequado àquela situação específica: grau de formalidade, variedade dialetal, tratamento a ser dado ao tema, etc. O lugar e o momento da comunicação, bem como as imagens recíprocas que os interlocutores fazem uns dos outros, os papéis que desempenham, seus pontos de vista, o objetivo da comunicação, enfim, todos os dados situacionais vão influir tanto na produção do texto, como na sua compreensão.

b) *do texto para a situação* – também o texto tem reflexos importantes sobre a situação comunicativa: o mundo textual não é jamais idêntico ao mundo real. Ao construir um texto, o produtor recria o mundo de acordo com seus objetivos, propósitos, interesses, convicções, crenças, etc. O mundo criado pelo texto não é, portanto, uma cópia fiel do mundo real, mas o mundo tal como é visto pelo produtor a partir de determinada perspectiva, de acordo com determinadas intenções. É por isso que, quando várias pessoas descrevem um mesmo objeto, as descrições nunca vão ser exatamente iguais; quando diversas testemunhas relatam um fato, os depoimentos vão divergir uns dos outros. Os referentes textuais *não* são idênticos aos do mundo real, mas são construídos no interior do texto. O receptor, por sua vez, interpreta o texto de acordo com a sua ótica, os seus propósitos, as suas convicções – há sempre uma *mediação* entre o mundo real e o mundo textual.

Assim, na construção da coerência, a situacionalidade exerce também um papel de relevância. Um texto que é coerente em dada situação pode não sê-lo em outra: daí a importância da adequação do texto à situação comunicativa.

INFORMATIVIDADE

Outro fator que interfere na construção da coerência é a informatividade, que diz respeito ao grau de previsibilidade (ou expectabilidade) da informação contida no texto. Um texto será tanto menos informativo, quanto mais previsível ou esperada for a informação por ele trazida. Assim, se contiver apenas informação previsível ou redundante, seu grau de informatividade será baixo (exemplo (52)); se contiver, além da informação esperada ou previsível, informação não previsível, terá um grau maior de informatividade (exemplo 53); se, por fim, toda a informação de um texto for inesperada ou imprevisível, ele terá um grau máximo de informatividade, podendo, à primeira vista, parecer incoerente por exigir do receptor um grande esforço de decodificação (exemplo (54)). Os exemplos foram retirados de Beaugrande e Dressler (1981):

(52) O oceano é água.
(53) O oceano é água. Mas ele se compõe, na verdade, de uma solução de gases e sais.
(54) O oceano não é água. Na verdade, ele é composto de uma solução de gases e sais.

Ao afirmar (52), que é óbvio para todo e qualquer leitor, não fica claro nenhum propósito comunicativo do produtor do texto: o oceano não seria oceano se não fosse constituído de água.

Tal informação é tão previsível e redundante que o texto chega a parecer desviante. Mais adiante, porém, o produtor declara que "na verdade, o oceano é constituído de uma solução de gases e sais" (exemplo (53)), o que revaloriza o evento comunicativo, fazendo-o passar de um grau baixíssimo a um grau mais alto de informatividade. Por outro lado, em (54), o início do texto causaria estranheza a qualquer leitor, por conter o grau máximo de informatividade, grau que vai ser "rebaixado" quando se prossegue a leitura. Tanto o início "O oceano é água", como o início "O oceano não é água" são informacionalmente desestabilizadores, um por ser excessivamente óbvio e o outro, por ser excessivamente informativo. A estabilização vai ocorrer na sequência do texto, ou por uma valoração ou por um "rebaixamento" do grau de informação. O grau máximo de informatividade é comum na literatura e na linguagem metafórica em geral. Veja-se o exemplo (55):

(55) O tempo voa como um bólido.

Mas também são frequentes, tanto em textos poéticos como em textos publicitários ou manchetes jornalísticas, casos de informatividade aparentemente nula, que vai ser promovida a um grau mais alto na sequência do texto ou na matéria que a manchete encabeça, como se pode observar em (56):

(56) E o facínora parecia sempre humano quando conversava.

É evidente que o facínora, sendo um homem, pertence ao gênero humano – e também são apenas os seres humanos que conversam (a não ser em fábulas e outros textos do gênero). Mas a informação será revalorizada se o indivíduo a que o texto se refere for caracterizado de modo tão diferente dos seus semelhantes, que dele não se possam esperar comportamentos humanos.

É a informatividade, portanto, que vai determinar a seleção e o arranjo das alternativas de distribuição da informação no texto, de modo que o receptor possa calcular-lhe o sentido com maior ou menor facilidade, dependendo da intenção do produtor de construir um texto mais ou menos hermético, mais ou menos polissêmico, o que está, evidentemente, na dependência da situação comunicativa e do tipo de texto a ser produzido.

FOCALIZAÇÃO

A localização tem a ver com a concentração dos usuários (produtor e receptor) em apenas uma parte do seu conhecimento, bem como com a perspectiva da qual são vistos os componentes do mundo textual. Seria como uma câmera que acompanhasse tanto o produtor como o receptor no momento em que um texto é processado. O primeiro fornece ao segundo determinadas pistas sobre o que está focalizando, ao passo que o segundo terá de recorrer a crenças e conhecimentos partilhados sobre o que está sendo focalizado, para poder entender o texto (e as palavras que o compõem) de modo adequado. Devido ao Princípio de Cooperação, de que já falamos anteriormente, ambos os interlocutores vão agir como se estivessem focalizados semelhantemente.

Diferenças de focalização podem causar problemas sérios de compreensão, impedindo, por vezes, o estabelecimento da coerência. Verifica-se, portanto, que a focalização tem relação direta com a questão do conhecimento de mundo e de conhecimento compartilhado. Um mesmo texto, dependendo da focalização, pode ser lido de modo totalmente diferente. Imagine-se um conto fantástico lido por um psicólogo, um padre, um político, um sociólogo. Provavelmente, as leituras seriam bastante diferentes, devido às diferentes focalizações. Veja-se, por exemplo, o texto (57) em que um casamento é visto por um crítico teatral.

(57) **O Crítico Teatral vai ao Casamento**
Como espetáculo, o casamento da Senhorita Lídia Teles de Souza com o Sr. Herval Nogueira foi realmente um dos mais irregulares a que temos assistido nos últimos tempos. A Senhorita Teles parecia muito nervosa, nervosismo justificado por estar estreando em casamentos (o que não se pode dizer do noivo, que tem muita experiência de altar) de modo que sua dicção, normalmente já não muito boa, foi prejudicada a tal ponto que os assistentes das últimas filas não lhe ouviram uma palavra. O cenário, altamente convencional, tinha apenas uma nota de originalidade nos cravos vermelhos que enfeitavam as paredes. Os turíbulos estavam muito bem colocados, mas os figurinos de todos os oficiantes foram, visivelmente, aproveitados de outras produções.
O noivo representou o seu papel com firmeza, embora um tanto frio. Disse "sim" ou "aceito" (não ouvimos bem as suas frases porque a acústica da abadia é péssima). Fora os pequenos senões notados, teremos que chamar a atenção, naturalmente, para o coroinha, que a todo momento coçava a cabeça, indiferente completamente à representação, como se não participasse dela. A música também foi mal escolhida, numa prova de terrível mau gosto. Realmente, pode ser que a Marcha Nupcial de Mendelssohn já esteja muito batida, mas é sempre preferível esse fundo ortodoxo a uma inovação do tipo da usada, tendo o coro cantado o samba. "É com esse que eu vou".

O fato da noiva chegar atrasada também deixou altamente impacientes os espectadores, que a certo momento começaram mesmo a mostrar evidentes sinais de nervosismo. A sua entrada, porém, foi espetacular, e o modelo que trajava, além do andar digno que soube usar para se encaminhar ao palco de seu destino, rendeu-lhe os melhores parabéns ao fim do espetáculo.

O vitorioso da noite foi, sem dúvida alguma, o padre, que disse o seu sermão com voz clara e emocionada, num texto traduzido do latim com toda perfeição.

Em suma – espetáculo normal, que deve ser assistido por todos os parentes e amigos. Lamentamos apenas – e tomamos como um deplorável sinal dos tempos – a qualidade do arroz jogado sobre os noivos.

(Fernandes, Millôr. *Trinta anos de mim mesmo*. Círculo do Livro, p. 78).

A mesma palavra poderá ter sentido diferente, dependendo da focalização. No caso de palavras homônimas, a focalização comum dos interlocutores permitirá depreender o sentido do termo naquela situação específica. É o que acontece, por exemplo, com o termo *vela* em (58):

(58) Traga-me uma *vela* nova.

a) o marido para a mulher no momento em que acaba a luz.

b) o mecânico que está consertando um carro.

c) o armador que está construindo um barco.

A focalização determina também, em dados casos, o uso adequado de certos elementos linguísticos. Por exemplo, o emprego de *ir* ou *vir* depende da direção do movimento relativamente ao local focalizado, como em:

(59) Eu *vou* aí.

(60) Você *vem* aqui hoje?

(61) *Vamos* ao cinema logo mais à noite?

(62) Não *viemos* aqui para discutir.

Um dos mais importantes meios de evidenciar a focalização é o uso do que chamamos de *descrições ou expressões definidas,* isto é, grupos nominais introduzidos por artigo definido (ou por demonstrativos). Tais expressões selecionam, dentre as propriedades e características do referente, aquelas sobre as quais se deseja chamar a atenção. Por exemplo, podemos nos referir a uma mesma garota de várias maneiras, sem usar o seu nome: *a menina bonita, a namorada de José, a primeira aluna da classe, a filha do vizinho, a excelente nadadora,* etc., desde que todas estas propriedades lhe possam ser atribuídas. É claro, porém, que dependendo da focalização, iremos usar uma e não outras, selecionando aquelas que forem mais adequadas aos nossos propósitos.

Também o título do texto é, em grande parte dos casos, responsável pela focalização, pois, como já vimos anteriormente, ativa e/ou seleciona conhecimentos de mundo que temos arquivados na memória, avançando expectativas sobre o conteúdo do texto. Um mesmo texto, com títulos diferentes, poderá ter leituras diferentes; mudando-se o título de um texto, algumas das palavras que o compõem podem mudar de sentido, parecer estranhas ou mesmo inadequadas.

No ensino de redação, quando dizemos ao aluno que *deve delimitar* o *assunto* e *estabelecer um objetivo* para o seu texto, estamos, na verdade, levando-o a *focalizar* o tema de um determinado modo. É por isso, também, que, quando damos aos alunos um tema para ser desenvolvido, os textos nunca saem idênticos devido às diferenças de focalização.

INTERTEXTUALIDADE

Outro importante fator de coerência é a intertextualidade, na medida em que, para o processamento cognitivo (produção/recepção) de um texto recorre-se ao conhecimento prévio de outros textos. A intertextualidade pode ser de forma ou de conteúdo.

A *intertextualidade de forma* ocorre quando o produtor de um texto repete expressões, enunciados ou trechos de outros textos, ou então o estilo de determinado autor ou de determinados gêneros de discurso. Exemplo de intertextualidade de forma pode ser detectada entre a "Canção do Exílio", de Gonçalves Dias e trechos do Hino Nacional Brasileiro e da Canção do Expedicionário:

> (63) Do que a terra mais garrida
> Teus risonhos lindos campos têm mais flores
> Nossos bosques têm mais vida,
> Nossa vida em teu seio mais amores.
>
> (Hino Nacional Brasileiro – Letra: Osório Duque Estrada)

> (64) Por mais terras que eu percorra
> Não permita Deus que eu morra
> Sem que volte para lá...
>
> (Canção do Expedicionário)

Outro exemplo interessante, citado por Affonso Romano de Sant'Anna em sua obra *Paródia, Paráfrase & Cia.*, é o de um poema de Oswald de Andrade, da série "Pero Vaz Caminha" (Oswald suprime o *de* do nome de Caminha), composto de parágrafos distintos do início da carta do escrivão da armada de

Cabral ao rei D. Manoel, em que não se encontra uma só palavra do poeta:

(65) *A descoberta*
Seguimos nosso caminho por este mar de longo
Até a oitava Páscoa
Topamos aves
E houvemos vista de terra.

É ainda Romano de Sant'Anna que aponta a intertextualidade formal entre versos de Petrarca e de Camões, numa época em que a técnica da imitação era valorizada:

(66) Petrarca: L'Amante nell'amato se transforma
Camões: Transforma-se o amador em cousa amada.

(67) Petrarca: Che chontra il ciel non val difesa umana
Camões: Que contra o céu não val defesa humana.

Um subtipo de intertextualidade formal é a *intertextualidade tipológica,* que também é importante para o processamento adequado do texto. Como já dissemos, os conhecimentos de mundo são armazenados em nossa memória sob forma de *blocos* – os *modelos cognitivos globais,* entre os quais estão as *superestruturas* ou *esquemas textuais,* que são conjuntos de conhecimentos que se vão acumulando quanto aos diversos tipos de textos utilizados em dada cultura. Assim, por exemplo, de tanto ouvir contar histórias, a criança constrói seu "modelo de história", que lhe permite reconhecer e produzir histórias, e será o ponto de partida para a construção do esquema ou da superestrutura narrativa. O mesmo vai ocorrer com relação aos outros tipos textuais.

É evidente que alguns deles vão ser desenvolvidos através de uma aprendizagem mais sistemática, na escola, por exemplo. Isto não significa, porém, que uma pessoa que nunca tenha frequentado os bancos escolares seja incapaz de narrar, de descrever, de argumentar ou de escrever (ou ditar) uma carta.

O conhecimento dos tipos textuais, portanto, permitirá ao leitor "enquadrar" o texto em determinado esquema, o que lhe poderá dar pistas importantes para a sua interpretação.

Quanto ao *conteúdo*, pode-se dizer que a intertextualidade é uma constante: os textos de uma mesma época, de uma mesma área de conhecimento, de uma mesma cultura, etc., dialogam, necessariamente, uns com os outros. Essa intertextualidade pode ocorrer de maneira *explícita* ou *implícita*.

No primeiro caso, o texto contém a indicação da fonte do texto primeiro, como acontece com o discurso relatado; as citações e referências no texto científico; resumos e resenhas; traduções; retomadas da fala do parceiro na conversação face a face, etc. Já no caso da intertextualidade implícita não se tem indicação da fonte, de modo que o receptor deverá ter os conhecimentos necessários para recuperá-la; do contrário, não será capaz de captar a significação implícita que o produtor pretende passar. É o caso de alguns tipos de ironia, da paródia, de certas paráfrases, etc.

São exemplos de intertextualidade explícita:

(68) Segundo Beaugrande & Dressler (1981), "a coerência diz respeito ao modo como os elementos subjacentes à superfície textual são entre si mutuamente acessíveis e relevantes, entrando numa configuração veiculadora de sentidos".

(69) Concordamos com Charolles (1983), quando afirma ser a coerência um princípio de interpretabilidade do discurso.

(70) a) Hoje vai chover.

b) Hoje vai chover? Então vamos deixar o passeio para amanhã.

Não havendo indicação da fonte do texto original, caberá ao receptor, através de seu conhecimento de mundo, não só descobri-la como detectar a intenção do produtor do texto ao retomar o que foi dito por outrem. São comuns, por exemplo, textos que imitam a linguagem da Bíblia. O leitor desses textos que não conheça a Bíblia não chegará, evidentemente, a captar todas as significações pretendidas pelo autor.

As matérias jornalísticas de um mesmo dia ou de uma mesma semana – quer do mesmo jornal, quer de jornais diferentes, quer, ainda, de revistas semanais, noticiários de rádio e TV – normalmente "dialogam" entre si, ao tratarem de um fato em destaque (intertextualidade de conteúdo).

A intertextualidade é comum também na música popular, quando o autor retoma trechos de outras canções próprias ou alheias (no caso de retomadas de textos próprios, fala-se, por vezes, de *intratextualidade*). A intertextualidade se estabelece também quando nos "apropriamos" de provérbios e ditos populares em nossas conversas ou em nossos textos escritos, endossando-os ou revertendo a sua forma e/ou o seu sentido.

Romano de Sant'Anna distingue, ainda, a *intertextualidade das semelhanças* da *intertextualidade das diferenças*. No primeiro caso, manifesta-se adesão ao que é dito no texto original (como ocorre nos exemplos (63), (64), (66), (67)); no segundo caso, representa-se o que foi dito para propor uma leitura diferente e/ou contrária. A repetição pura e simples, bem como a paráfrase pertencem ao primeiro tipo; já a paródia, a ironia, a concessão ou concordância parcial (em que se "acolhem" os argumentos contrários para, em seguida, apresentar argumento decisivos capazes de destruí-los) são exemplos do segundo tipo. (Vejam-se os exemplos (71), (72), (73)).

(71) **Canção do Exílio**
Minha terra tem macieiras da Califórnia
onde cantam gaturamos de Veneza.
(Murilo Mendes)

(72) **Canto de regresso à pátria**
Minha terra tem palmares
Onde gorjeia o mar
Os passarinhos daqui
Não cantam como os de lá.

Minha terra tem mais rosas
E quase que mais amores
Minha terra tem mais ouro
Minha terra tem mais terra.

Ouro terra amor e rosas
Eu quero tudo de lá
Não permita Deus que eu morra
Sem que volte para lá.

Não permita Deus que eu morra
Sem que volte pra São Paulo
Sem que veja a rua 15
E o progresso de São Paulo.
(Oswald de Andrade)

(73) É verdade que o presidenciável X tem um discurso interessante, como afirmam muitos analistas políticos. No entanto, se examinarmos mais a fundo seus pronunciamentos, verificaremos que ele não tem um projeto consistente de governo.

O reconhecimento do texto-fonte e dos motivos de sua reapresentação, no caso da intertextualidade implícita, é, como se vê, de grande importância para a construção do sentido de um texto.

INTENCIONALIDADE E ACEITABILIDADE

Como vimos, o produtor de um texto tem, necessariamente, determinados objetivos ou propósitos, que vão desde a simples intenção de estabelecer ou manter o contato com o receptor até a de levá-lo a partilhar de suas opiniões ou a agir ou comportar-se de determinada maneira. Assim, a *intencionalidade* refere-se ao modo como os emissores usam textos para perseguir e realizar suas intenções, produzindo, para tanto, textos adequados à obtenção dos efeitos desejados. É por esta razão que o emissor procura, de modo geral, construir seu texto de modo coerente e dar pistas ao receptor que lhe permitam construir o sentido desejado. Para tanto, o emissor do texto vai mobilizar todos os outros fatores de textualidade, inclusive, dependendo do tipo de texto (científico, didático, expositivo, etc.), utilizando os mecanismos de coesão já mencionados. Pode ocorrer, no entanto, que o produtor afrouxe propositadamente a coerência de seu texto, se quiser obter determinados efeitos, como: fazer-se passar por desmemoriado, por louco, por embriagado, etc.

A *aceitabilidade* constitui a contraparte da intencionalidade. Já se disse que, segundo o Princípio Cooperativo de Grice, o postulado básico que rege a comunicação humana é o da cooperação, isto é, quando duas pessoas interagem por meio da linguagem, elas se esforçam por fazer-se compreender e procuram calcular o sentido do texto do(s) interlocutor(es), partindo das pistas que ele contém e ativando seu conhecimento de mundo, da situação, etc. Assim, mesmo que um texto

não se apresente, à primeira vista, como perfeitamente coerente, e não tenha explícitos os elementos de coesão, o receptor vai tentar estabelecer a sua coerência, dando-lhe a interpretação que lhe pareça cabível, tendo em vista os demais fatores de textualidade. É por isso que, como já mencionamos por várias vezes, Charolles (1983) conceitua a coerência como um princípio de interpretabilidade do discurso.

A intencionalidade tem relação estreita com o que se tem chamado de *argumentatividade*. Se aceitamos como verdade que não existem textos *neutros,* que há sempre alguma intenção ou objetivo da parte de quem produz um texto, e que este não é jamais uma "cópia" do mundo real, pois o mundo é *recriado* no texto através da *mediação* de nossas crenças, convicções, perspectivas e propósitos, então somos obrigados a admitir que existe sempre uma argumentatividade subjacente ao uso da linguagem.

A argumentatividade manifesta-se nos textos por meio de uma série de marcas ou pistas que vão orientar os seus enunciados no sentido de determinadas conclusões, isto é, que vão determinar-lhes a orientação argumentativa, segundo uma perspectiva dada. Entre estas marcas encontram-se os *tempos verbais,* os *operadores* e *conectores argumentativos* (até, mesmo, aliás, ao contrário, mas, embora, enfim, etc.), os *modalizadores* (certamente, possivelmente, indubitavelmente, aparentemente, etc.), entre outros (ver *A inter-ação pela linguagem*, publicado também pela Editora Contexto). A partir destas marcas, como também das inferências e dos demais elementos construtores da textualidade estudados neste capítulo, o receptor construirá a sua leitura, entre aquelas que o texto, pela maneira como se encontra linguisticamente estruturado, permite. É por isso que todo texto abre a possibilidade de várias leituras (recorde-se o que foi dito acerca do exemplo (21)).

CONSISTÊNCIA E RELEVÂNCIA

De acordo com Giora (1985), dois requisitos básicos para que um texto possa ser tido como coerente são a *consistência* e a *relevância*.

A condição de *consistência* exige que cada enunciado de um texto seja consistente com os enunciados anteriores, isto é, que todos os enunciados do texto possam ser verdadeiros (ou seja, não contraditórios) dentro de um mesmo mundo ou dentro dos mundos representados no texto. Exemplo de texto inconsistente é o do exemplo (1).

O requisito da *relevância* exige que o conjunto de enunciados que compõem o texto seja relevante para um mesmo tópico discursivo subjacente, isto é, que os enunciados sejam interpretáveis como falando sobre um mesmo tema.

No texto escrito, normalmente, tem-se um só tópico, que pode ser dividido em subtópicos. É claro que pode haver exceções, como, por exemplo, no caso de cartas familiares. Na conversação, que é uma atividade de coprodução discursiva (cf. Marcuschi, 1986), o tópico é desenvolvido por pelo menos duas pessoas, em turnos alternados, de modo que o tópico vai se construindo na própria interação, podendo desenvolver-se e/ou alternar-se a cada turno. Desse modo, é possível haver, numa mesma conversação, diversos tópicos (ou melhor, *quadros tópicos*), que podem ou não ser englobados num tópico mais amplo. Assim, na conversação, as contribuições dos parceiros deverão ser *relevantes para o tópico em curso* em dado momento. Mas o texto conversacional poderá ser ainda coerente se dado enunciado (ou conjunto de enunciados) vier introduzido por meio de um *marcador de digressão,* como: por falar nisso, fazendo um parênteses, desculpe interromper mas..., lembrei-me agora de..., etc. Veja-se o exemplo (19).

A relevância tópica é outro fator importante de coerência.

Deve ter ficado claro neste capítulo, como decorrência também dos anteriores, que a coerência não é apenas um traço ou uma propriedade do texto em si, mas sim que ela se constrói na interação entre o texto e seus usuários, numa situação comunicativa concreta, em decorrência de todos os fatores aqui examinados.

5. COERÊNCIA E ENSINO

Nosso objetivo neste capítulo é registrar alguns pontos que julgamos fundamentais ter em mente, quando se pergunta em que as análises da Linguística sobre coerência, coesão e texto podem auxiliar no trabalho do professor no ensino de língua materna. Portanto, não vamos descer aqui a detalhes de técnicas de ensino, mas apenas lembrar alguns aspectos que podem ser importantes para a adoção de uma postura metodológica pelo professor. Para nós, metodologia é sobretudo uma questão de postura, ideologia, metas, objetivos e fundamentos e não apenas de técnicas de ensino. É uma questão muito mais de engajamento do professor, sua concepção de educação e de linguagem (expressão do pensamento, reflexo do pensar? instrumento de comunicação? forma de interação?) do que *o que fazer e como fazer*. Isto certamente virá como consequência natural do posicionamento metodológico do professor e, evidentemente, do conhecimento profundo, amplo e diversificado daquilo que será objeto do processo de ensino/aprendizagem, no caso, a Língua Portuguesa: sua estrutura e funcionamento em todos os níveis (fonético/fonológico, morfológico, sintático, semântico, textual-discursivo, estilístico), suas variedades (dialetos e registros) e seus usos. Cremos nunca ser demais lembrar que é impossível existir metodologia eficiente sem tal conhecimento.

Outro ponto importante é não esquecer que as descobertas da ciência linguística não são diretamente transferíveis para o ensino, a não ser que o objetivo de ensino seja o domínio do conhecimento metalinguístico ou teórico sobre a língua, o que parece não ser o caso, a não ser em cursos de graduação e pós-graduação na área de Letras e, talvez, um pouco no 2º grau. O que queremos dizer é que um professor pode, por exemplo, fazer grandes modificações em sua metodologia de ensino de produção e compreensão de textos, baseando-se nas descobertas da Linguística Textual sobre coesão e coerência, sem fazer qualquer referência teórica sobre o assunto para seus alunos de 1º e/ou 2º graus.

Normalmente, o ensino de língua materna (Português) se apresenta assim dividido: ensino de gramática (quase sempre como ensino de teoria linguística), ensino de redação (ou expressão escrita), ensino de expressão oral, ensino de leitura e ensino de vocabulário. O mais frequente é a ênfase no ensino de gramática e de leitura, constituindo a integração destas cinco áreas um problema crucial e até intransponível. Nossa visão é que a adoção de uma perspectiva textual-interativa, já que os textos são o meio pelo qual a língua funciona, não só resolveria o problema de integração entre os diferentes aspectos do funcionamento da língua na interação comunicativa, mas também libertaria o professor da tradição metodológica em que ele se deixa aprisionar pelo ensino de gramática como um fim em si mesmo, esquecendo-se de que, provavelmente, seria mais pertinente para o aluno aperfeiçoar a capacidade de interação pela língua que ele já tem ao chegar à escola, entendendo que precisa, em termos sociais, ser capaz de interagir com variedades distintas de língua, inclusive a norma chamada de culta que, pelas regras de nossa sociedade e cultura, considera-se a adequada em determinadas situações.

O trabalho de produção de textos englobaria não só o ensino de redação (produção de textos escritos), mas também o de expressão oral (produção de textos orais). O trabalho com a compreensão de textos ampliaria o trabalho de compreensão de textos escritos (leitura), incluindo o trabalho de compreensão de textos orais. O ensino de vocabulário apareceria como fundamental tanto para a produção quanto para a compreensão de textos, já que o léxico é o meio de registro, na superfície linguística, do conhecimento de mundo a ser ativado e compartilhado pelos usuários do texto para a construção do mundo textual, o estabelecimento da continuidade/unidade de sentido que resultará na coerência da sequência linguística tanto na sua produção quanto na sua recepção. O vocabulário aparece, pois, como um dos elementos coesivos, ao lado dos outros elementos que normalmente se aborda no ensino de gramática, mas, quase sempre, de um modo puramente "normativo" ou "descritivo", sem atingir a dimensão "produtiva" do ensino, que pode ser conseguida se trabalharmos a gramática e o léxico, os elementos coesivos, dentro de seu funcionamento textual-discursivo numa interação comunicativa. Dessa forma, não estamos propondo o abandono de nada, mas uma mudança de perspectiva e consequentemente de método de trabalho, de metodologia de ensino.

No trabalho de compreensão de textos (orais ou escritos), a perspectiva textual alerta para a necessidade de considerar todos os fatores em jogo. Antes de dizer que alguém não é capaz de compreender, é preciso considerar: a) se ele conhece os recursos linguísticos aí utilizados (ele pode não entender bem uma passagem, por exemplo, por desconhecer uma diferença de sentido causada por uma regência verbal pouco frequente na(s) variedade(s) linguística(s) que ele domina; b) se ele compartilha com o produtor o conhecimento de mundo que este põe em ação no texto. Daí as recomendações técnicas que já são feitas há tanto tempo sobre a necessidade de esclarecer previamente todas as referências históricas, geográficas, mitológicas, literárias, etc. e as palavras-chave desconhecidas que o texto contém, pois só assim o receptor do texto (o aluno no caso) terá condições de fazer as inferências necessárias para relacionar os elementos do texto, criando um mundo textual e estabelecendo a continuidade/unidade de sentido que representa a compreensão do texto e dá a sua coerência; c) se ele tem informações suficientes sobre a situação e seus componentes (inclusive os usuários e sua relação); d) se o texto em questão não exige o conhecimento prévio de outros textos a que ele remete intertextualmente. Esses e os demais fatores abordados no capítulo 4 têm de ser considerados não só na compreensão de textos, mas também na sua produção, para que se realize com eficiência a intenção comunicativa.

Finalmente, gostaríamos de alertar que o uso de qualquer subsídio linguístico precisa ser feito com conhecimento, mas também com cuidado e discernimento, pois, se assim não for, podemos criar problemas desnecessários. Vejamos um exemplo dentro do ensino de produção de textos, onde nós professores temos cometido alguns de nossos maiores "pecados".

Já tem ocorrido que professores, buscando utilizar as descobertas da Linguística Textual, digam que certas produções escritas de seus alunos não são textos, mas apenas amontoados de frases, porque não apresentam o que essa mesma Linguística Textual chama de coesão. Um exemplo seria o texto de (74), escrito após a solicitação do professor de que se escrevesse um texto sobre alguém da família, a partir de um texto sobre família lido anteriormente.

(74) Maria é minha irmã
Maria é bonita.
Maria tem um cachorrinho.
O cachorrinho é branco.
Maria brinca com o cachorrinho.
Maria é feliz.

Como se considera (74) um não texto por falta de coesão (embora a repetição de "Maria" e "cachorrinho" sejam elementos de coesão) desenvolvem-se então atividades de modo a que o aluno, utilizando o conteúdo desse "amontoado de frases", produza um texto coeso que poderia ter uma das formas de (75) entre outras.

(75) a) Maria é minha irmã e é bonita. Ela tem um cachorrinho branco com que brinca. Ela é feliz.
b) Maria é minha irmã e é bonita. Ela tem um cachorrinho branco com que brinca, ficando feliz.
c) Maria é minha irmã. Ela é bonita e fica feliz quando brinca com seu cachorrinho branco.
d) Minha irmã Maria, que é bonita, tem um cachorrinho branco e fica feliz, quando brinca com ele.
e) Maria é minha irmã. Ela é feliz porque é bonita e tem um cachorrinho branco com que brinca.
f) Maria é minha irmã. Ela é feliz porque é bonita e brinca com seu cachorrinho branco.
g) Eu tenho uma irmã que se chama Maria. Ela é bonita e tem um cachorrinho branco para brincar. Por tudo isso ela é feliz.

Evidentemente, o leitor deve ter notado a importância dessas atividades para que o aluno perceba como podemos relacionar as mesmas ideias de inúmeras maneiras. Para isso o professor o levará a se valer: a) de recursos de conexão variados, tais como o uso da coordenação, dos pronomes relativos (formando orações adjetivas), o uso de conectores temporais ("quando" em (75 c, d)), causais ("porque" em (75 e, f) e "por tudo isso" em (75 g)), finais ("para" em 75 g), o uso de orações reduzidas no lugar de orações desenvolvidas introduzidas por conectivos; b) do emprego de pró-formas pronominais (ela, seu) e da elipse; c) do emprego de formas diferentes de dar atributos dos seres: adjetivos (bonita) e orações adjetivas (que é bonita), com função de adjuntos adnominais (seu cachorrinho *branco*) e predicativos (o cachorrinho é branco). O professor ainda poderá sempre mostrar que diferentes relacionamentos criam diferentes sentidos, fazendo os alunos observarem que os textos de (74) e de (75 a-g) não têm o mesmo sentido e discutirem as diferenças. Mesmo no campo lexical, há a diferença entre "ser" e "ficar feliz" (e pode-se introduzir a comparação com "estar feliz", "andar feliz", etc.). Além disso pode-se discutir também o uso do artigo, levando o aluno a pensar e perceber porque nos textos de (75 a-g) se usou apenas o indefinido, enquanto em (74) se usou primeiro o indefinido e depois o definido. Toda esta discussão entre diferenças de formas e sentidos serve para conscientizar o aluno de que o trabalho de produção de um texto é um trabalho de escolha e utilização dos recursos linguísticos que permitam melhor viabilizar a intenção comunicativa que se tem, face a fatores textuais, ideacionais e interpessoais. Tal consciência servirá também para torná-lo mais eficiente no trabalho de compreensão de textos, já que, para usar uma metáfora, os dois processos praticamente representam o mesmo caminho percorrido em sentidos contrários.

Esperamos que essa pequena mostra de trabalho com os elementos coesivos já tenha sossegado o espírito daqueles que supõem que a proposta de ensinar a língua de uma perspectiva textual abole qualquer trabalho com a gramática (como se isto fosse possível em alguma circunstância que envolve usa da língua!) e inviabiliza o cumprimento dos programas das Secretarias de Educação (que de resto são apenas sugestões bem montadas de conteúdos, mas não grilhões escravizadores sem qualquer maleabilidade). O que o ensino de língua na perspectiva textual e interativa faz é viabilizar um trabalho que seja dinâmico, porque aborda os elementos da língua em seu funcionamento efetivo, real. Quanto ao cumprimento de programas, talvez ele só não se faça na ordem em que os tópicos foram impressos, mas certamente ele se fará e, sem dúvida, ultrapassará o proposto em vários sentidos.

Muito bem, mas pretendíamos que o exemplo do texto (74), visto como não texto ou como um mau texto, mostrasse um de nossos possíveis pecados como professores. Para isso cabe perguntar por que se tende a considerar (74) um não texto ou um mau texto e a considerar textos muito semelhantes de grandes escritores (ou outras fontes respeitáveis) não só como textos, mas como excelentes textos. Que dizer do texto "O Show" do exemplo (4) e do modelo em que ele se inspirou? Ou de um poema como o de Raul Bopp transcrito em (76) a seguir? Também eles têm pouca ou nenhuma coesão.

(76) **Caboclo**

Raul Bopp

Caboclo João sem terra triste
fica sentado à porta do rancho.
Fuma.

Não conversa com a mulher.

Os olhos endureceram
naquela solidão da linha do mato
mutilado a machado.

O escuro apaga as árvores.
Fogo desanimou na cozinha.

Mia um gatinho magro no terreiro:
Miséria.

Queixam-se os sapos
naquele silêncio enorme.

Nada lhe adoça os pensamentos apagados
– alma copiada pela geografia.

Cresce a área das derrubadas
áspera
eriçada de tocos de árvores.

João sem terra cisma
dentro do seu horizonte limitado pela linha do mato.

Fuma o cigarro lento.
Miséria.

(Do livro *Cobra Norato e Outros Poemas*).

Quanto ao texto de (74), não se trata de um texto sem continuidade ou unidade: nele todo se fala de Maria, a irmã, e de coisas ligadas a ela (seu cachorrinho). Se nos apresentassem este texto como de um bom escritor, provavelmente dar-lhe-íamos uma interpretação que poderia ser como segue: neste texto, o autor nos revela, nos sugere quão simples são as condições, os requisitos para que uma criança seja feliz. O uso do nome Maria sugere uma pessoa comum sem nada de especial. Que Maria é criança é revelado pelo termo brincar que expressa a relação preferida entre ela e seu cachorrinho. Maria é feliz e isto é declarado de forma direta e simples, sem complicações expressivas ou relativizações. E quais são as condições dessa felicidade? Coisas simples. Ser amada, ser querida, o que é revelado pela opinião de que Maria é bonita dada pelo irmão. As crianças são sempre bonitas para os seus, que as amam; pois já não ensina a velha fábula da coruja que mesmo os feios parecem belos a quem os ama? Outra condição simples da felicidade da criança simbolizada em Maria é poder se divertir, brincar, o que nos é passado no texto pela posse do cachorrinho e o brincar com ele. O cachorrinho é branco, o que sugere paz e tranquilidade na vida de Maria, outra condição de sua felicidade. A simplicidade das condições de felicidade é revelada e reforçada ainda pela simplicidade estrutural do texto, pela simplicidade de sua linguagem despojada.

Vendo (74) sobre esse prisma, qual diríamos que é um texto "melhor"? (74) ou algum dos de (75 a-g)? Melhor para quê? Melhor em que sentido? Além do mais, já sabemos que, embora tenham conteúdos próximos, estes textos não têm exatamente o mesmo sentido.

É bom que fique claro que não se está propondo um vale-tudo textual. Isto certamente teria consequências funestas no ensino. O que se está querendo é que fique bem claro o cuidado que temos de ter ao agir buscando utilizar certos conceitos. Assim, tendo em vista o conceito de coerência e de "boa" formação de texto aqui proposto: a) só se pode ver a avaliação de textos de alunos como uma fase do processo de sua produção, nunca como seu ponto final; b) só se pode avaliar a qualidade e adequação de um texto quando ficam muito claras as regras do "jogo" de sua produção. Temos que ser seguros e claros em nosso procedimento de solicitação ao aluno para que produza um texto, inserindo-o em contextos "reais" de interação comunicativa, para que nossos critérios de avaliação tenham alguma validade; caso contrário, o que fica mesmo é só uma espécie de desonestidade nossa para com o aluno, seja ela intencional ou não. Uma vez que se aceita que não existe o texto incoerente em si, mas apenas que o texto pode ser incoerente para alguém em determinada situação discursiva, o professor deve trabalhar a produção (e também a compreensão) de textos, buscando, sempre, deixar muito claro em que situação o texto a ser produzido (ou compreendido) deve ser encaixado. A avaliação se fará, então, tendo por parâmetro todos os elementos de adequação a tal situação e não a uma situação que estava na mente do professor, às vezes muito vagamente, mas que ele não explicitou *com* e *para* os seus alunos.

BIBLIOGRAFIA COMENTADA

BASTOS, Lúcia K. X. *Coesão e coerência em narrativas escolares escritas.* Campinas: Ed. da UNICAMP, 1985.

A autora apresenta, na primeira parte, uma revisão da bibliografia sobre coesão e coerência, procurando mostrar o que as diferencia. Na segunda parte, analisa narrativas escolares escritas a partir desses dois critérios.

BEAUGRANDE, Robert de. *Text, Discourse and Process.* Londres: Longman, 1980.

Obra em que o autor discute os processos cognitivos que intervêm na produção/recepção de textos e os principais fatores da textualidade.

_____ & DRESSLER, Wolfgang U. *Introduction to Textlinguistics.* Londres/New York: Longman, 1981.

Obra básica sobre Linguística de Texto em que os autores arrolam e examinam os critérios ou padrões de textualidade; contém um capítulo extenso sobre *coerência.*

BERNÁRDEZ, Enrique. *Introduction a la linguística del texto.* Madrid: Espasa-Calpe, 1982.

Uma das mais completas obras introdutórias à Linguística Textual, em que são expostos os seus fundamentos e examinados os principais modelos apresentados até então.

BRAGA, Maria Luiza & SILVA, Giselle M. de O. Novas considerações a respeito de um velho tópico: a taxonomia novo/velho. *In*: GUIMARÃES, E. R. J. *Linguística: questões e controvérsias.* Uberaba: FIUBE, 1984, Série Estudos, 10: 27-40.

Artigo extremamente lúcido em que as autoras retomam as principais conceituações de *novo/velho* e, a partir da proposta de E. Prince (1981), apresentam uma proposta alternativa.

BROWN, Gillian & YULE, George. *Discourse Analysis*. Cambridge: Cambridge University Press, 1983.

Uma das mais completas obras sobre Análise de Discurso da linha anglo-americana; encerra uma revisão crítica de grande parte da literatura sobre o assunto, em que são discutidas várias questões ligadas à coerência.

CHAROLLES, Michel. "Introduction aux problèmes de la cohérence des textes". *Langue Française* 38, Paris: Larousse, 1978, p. 7-41.

Texto clássico em que o autor estabelece quatro metarregras de coerência, aplicando-as à análise de redações escolares.

_____ "Données empiriques et modélisation en grammaire de texte. Réflexions à partir du problème de la cohèrence discoursive". *Langue et Discours,* 34. Besançon, 1979, p. 75-97.

Artigo interessante que pode ser visto como uma extensão teórica do anterior.

_____*Les études sur la cohèrence, la cohesion et la connexité textuellé depuis la fin des années 1960*. Université de Nancy 2, cópia de inédito, 1987.

Texto em que o autor faz um retrospecto dos estudos sobre a questão e refina a distinção entre coesão, conexão e coerência.

_____ "Coherence as a principle of interpretability of discourse". *Text 3* (1) 1983, p. 71-98.

Artigo em que o autor, evidenciando uma mudança radical relativamente a seus trabalhos da década de 70, passa a ver a coerência como um "princípio de interpretabilidade do discurso" e não como mero traço do texto.

COULTHARD, Malcolm. *An Introduction to Discourse Analysis*. Londres: Longman, 1977.

Obra importante sobre análise de discurso, em que se privilegiam aspectos relativos à análise da conversação.

DRESSLER, Wolfgang U. *Introduzione alla linguistica del testo*. Roma: Officina Edizioni, 1974.

Versão italiana de *Einfuhrung in die Textlinguistik* (Tubingen, Max

Niemeyer), em que o autor discute os fundamentos da Linguística do Texto.

FÁVERO, Leonor L. & KOCH, Ingedore G. V. *Linguística textual: introdução.* São Paulo: Cortez, 1983.

Obra introdutória à Linguística Textual em que se apresenta uma visão panorâmica desse ramo da linguística atual.

_____"Critérios de textualidade". *Veredas* 104, São Paulo: PUC-SP/ EDUC, 1985, p. 17-34.

Artigo em que se discutem os critérios de textualidade postulados por Beaugrande & Dressler (1981), acrescentando-lhes o critério de argumentatividade.

FILLMORE, Charles J. "Pragmatics and the Description of Discourse. *In*: COLE, P. (ed.) *Radical Pragmatics*. New York: Academic Press, 1981, p. 143-166.

Artigo instigador em que o autor mostra a importância dos aspectos pragmáticos na descrição do discurso.

FRANCK, Dorothea. *Grammatik und Konversation*. Konnigstein, Ts.: Seriptor, 1980.

Obra das mais relevantes para o estudo da conversação; contém um item importante sobre a coerência no oral.

_____"Sentenças em turnos conversacionais: um caso de 'double-blind' sintático". *Cadernos de Estudos Linguísticos 11*. Campinas: UNICAMP/ IEL, 1986, p. 9-20.

GARCIA, Claudine. "Argumenter à l'oral; de la discussion au débat". *Pratiques 28*, Metz: Centre National de Lettres, 1980, p. 95-124.

Artigo em que se propõem técnicas de treinamento de debate em sala de aula.

GARRAFA, Lilian C. *Coerência e literatura infantil: introdução à análise textual de produções literárias para a infância*. São Paulo: Dissertação de Mestrado, PUC/SP, 1987.

A autora apresenta uma ampla revisão da bibliografia sobre coerência e analisa uma obra de literatura infantil quanto à coerência e argumentatividade.

GIORA, R. Notes towards a Theory of Text Coherence. *Poetics Today,* 6(4), 1985, p. 699-715.

GOODWIN, Charles. *Conversational Organization.* New York: Academic Press, 1981.

Obra dedicada particularmente aos elementos paralinguísticos e sua função na conversação: olhar, gestos, movimentos corporais, etc.

GRICE, H. P. Logic and Conversation. *In*: COLE, P. & MORGAN,J. L. (eds.) *Syntax and Semantics.* New York: Academic Press, 1975, v. 8, p. 41-58.

Texto clássico em que o autor propõe o Princípio Cooperativo e as Máximas Conversacionais.

GROSZ, Barbara J. "Focusing and Description in natural Language Dialogues". *In*: JOSHI, WEBBER & SAG (eds.). *Elements of Discourses Understanding.* Cambridge: Cambridge University Press, 1981, p. 84-105.

Artigo em que a autora discute a noção de focalização em textos descritivos.

HALLIDAY, M. A. K. & HASAN, Rugaia. *Cohesion in English.* Londres: Longman, 1976.

Obra clássica sobre coesão textual que tem servido de base à maioria dos estudos sobre o assunto. Nela, os autores procedem a um exaustivo exame dos mecanismos coesivos do inglês.

JOHNSON-LAIRD, P. N. "Mental Models of Meaning". *In*: JOSHI, WEBBER & SAG (eds.), op. cit., p. 106-126.

O autor propõe, nesse texto, a construção, no momento da leitura, de modelos mentais de significação.

KATO, Mary A. *No mundo da escrita: uma perspectiva psicolinguistica.* São Paulo: Ática, 1986.

Importante obra em que a autora precede a uma abordagem psicolinguística do processo de produção do texto.

KOCH, Ingedore G. V. *A coesão textual.* São Paulo: Contexto, 1989.

Volume destinado ao estudo da coesão textual.

KOCH, Ingedore G. V. *A inter-ação pela linguagem.* São Paulo: Contexto, 1992.

MARCUSCHI, Luiz A. *Linguística do texto: o que é como se faz.* Recife: UFPE, 1983, Série Debates 1.

Importante obra introdutória à Linguística Textual, com farta exemplificação em textos.

_____. *Análise da conversação.* São Paulo: Ática, 1986.

Obra básica que encerra os fundamentos da análise da conversação e um aprofundado estudo dos marcadores conversacionais.

PRINCE, Ellen F. "Toward a taxonomy of give-new information". *In*: COLE, P. (ed.). *Radical Pragmatics.* New York: Academic Press, 1981, p. 223-255.

A autora procede, nesse artigo, a uma revisão da questão dado-novo, apresentando uma nova taxonomia.

SANT'ANNA, Affonso Romano de. *Paródia, paráfrase & cia.* São Paulo: Ática, 1985.

TANNEN, Deborah (ed.). *Coherence in Spoken and Written Discourse.* New Jersey: Ablex Publishing Corporation, 1984.

Importante coletânea sobre coerência em textos escritos e orais.

VAN DIJK, Teun A. *Studies in the Pragmatics of Discourse.* Berlim/New York: Mouton Publishers, 1981.

Obra de grande utilidade em que o autor discute uma série de questões discursivas, inclusive os conectivos semânticos e pragmáticos.

_____. & KINTSCH, W. *Strategies of Discourse Comprehension.* New York: Academic Press, l983.

Obra grandemente divulgada em que se discutem as estratégias cognitivas de compreensão do discurso.

VILELA, Mário & KOCH, I. G. V. *Gramática da língua portuguesa.* Coimbra: Asmedina, 2001.

WIDDOWSON, H. G. *Teaching Language as Communication.* Oxford: Oxford University Press, 1978.

Uma das mais tradicionais obras sobre o ensino comunicativo de línguas, a partir de uma abordagem discursiva.

OS AUTORES

Ingedore Grunfeld Villaça Koch nasceu na Alemanha e veio para o Brasil com quatro anos de idade. Adotou o Brasil como pátria, naturalizando-se brasileira. Formou-se em Direito pela USP e, mais tarde, obteve licenciatura plena em Letras. Foi professora de 1º grau no Externato Ofélia Fonseca e de Língua Portuguesa e Técnica e Metodologia de Redação em Português na Logos-Escola de 2º grau.

É mestre e doutora em Ciências Humanas: Língua Portuguesa pela PUC/SP. Foi professora do Departamento de Português dessa universidade, tendo lecionado nos cursos de Língua e Literatura Portuguesas, Língua e Literatura Inglesas – opção Tradutor, Secretariado Executivo Bilíngue e Jornalismo. Foi coordenadora do curso de Jornalismo e membro da comissão didática do curso de Língua e Literatura Inglesas.

Publicou pela Editora Contexto as seguintes obras: *A coerência textual* (em coautoria com Luiz Carlos Travaglia), *A inter-ação pela linguagem, O texto e a construção dos sentidos, Referenciação e discurso, Ler e compreender* e *Ler e escrever* (os dois últimos em coautoria com Vanda Maria Elias). É de sua autoria também: *Gramática do português falado: vol. VI – desenvolvimentos*; *Texto e coerência* (em coautoria com Luiz Carlos Travaglia); *Desvendando os segredos do texto*; *Linguística aplicada ao português* (em coautoria com Maria Cecília Pérez de Souza e Silva); *Morfologia e linguística aplicada ao português* (em coautoria com Maria Cecília Pérez de Souza e Silva); *Linguística textual: introdução* (em coautoria com Leonor Lopes Fávero); *Argumentação e linguagem*. Atualmente, é professora titular do Departamento de Linguística do IEL/Unicamp, em cujos cursos de graduação e pós-graduação trabalha na área de Linguística Textual.

Luiz Carlos Travaglia fez seus estudos superiores na Universidade Federal de Uberlândia (UFU), Minas Gerais, onde cursou Licenciatura Plena em Letras: Português e Inglês. Hoje é Professor de Linguística e Língua Portuguesa, além de pesquisador do Instituto de Letras e Linguística da mesma Universidade. Foi professor de ensino fundamental e médio por quase duas décadas. Mestre em Letras, Língua Portuguesa, pela Pontifícia Universidade Católica do Rio de Janeiro (PUC-RJ), Doutor em Linguística pela Universidade Estadual de Campinas (Unicamp), com Pós-Doutorado em Linguística pela Universidade Federal do Rio de Janeiro (UFRJ).

Outros livros de sua autoria: *O Aspecto Verbal no Português: a categoria e sua expressão*; *Metodologia e Prática de Ensino da Língua Portuguesa,* em coautoria. *Texto e coerência*, em coautoria, e *Gramática e interação: uma proposta para o ensino de Gramática.* Escreveu, também, muitos artigos em revistas especializadas e em diversos livros colegiados.

Em suas horas vagas – quando não está se dedicando à Linguística –, ocupa-se de suas plantas e, como bom mineiro, gosta de fazer pão de queijo, que, aliás, é muito apreciado pelos amigos.

GRÁFICA PAYM
Tel. (011) 4392-3344
paym@terra.com.br